Ab 1. Lernjahr

F. Heitmann & B. Shirazi



# So lerne ich Deutsch ..... von Anfang an!

Vielseitige Übungseinheiten zur Stärkung der Alltagskommunikation

www.kohlverlag.de

# So lerne ich Deutsch ... von Anfang an!

## Vielseitige Übungseinheiten zur Stärkung der Alltagskommunikation

2. Auflage 2024



Inhalt: Friedhelm Heitmann & Billur Shirazi
Coverbild: © Prostock-studio- AdobeStock.com
Bildquellennachweis: siehe Umschlagseite
Grafik & Satz: Kohl-Verlag
Druck: Druckhaus Flock, Köln

**Bestell-Nr. 12 909**

**ISBN: 978-3-98558-878-7**

**Bildquellen:**

AdobeStock.com:

**S. 7:** Dionisvera; **S. 9:** scusi; **S. 10-12:** Christine Wulf; **S. 14:** BNP Design Studio, savanno; **S.15:** BNP Design Studio; **S. 18:** BNP Design Studio; **S. 19:** tuulijumala; **S. 22-27:** BNP Design Studio; **S. 28:** bubble86; **S. 29:** bubble86, MVshop, Topuria Design, Alex_Zakharov, photoplotnikov, Happypictures, Tartila, schlaumal, smile3377, djvstock, klyaksun; **S. 30:** Pavlo Syvak, Alex_Zakharov (3x), Vivivector, Pexel Verse, Lyudmyla, hana (2x), nadia_snopek, Oleksandr; **S. 32:** Michael Brown; **S. 36:** maribom; **S. 37:** maribom, ArtVisionStudio, Good Studio, ssstocker, putiko, Colorfuel Studio; **S. 43:** Evgeniy Zimin, strichfiguren; **S. 44:** sunt; **S. 45:** Александр Колесников; **S. 46:** Dionisvera, freshidea, natthapol, Erik Lam, chamnan phanthong, jagodka, Tim UR, Vera Kuttelvaserova, lotus_studio, Stefan Lambauer; **S. 47:** GreenSkyStudio (8x), pixelrobot, Morphart; **S. 49:** Елена Явонова; **S. 50+53:** トラノスケ, sonia; **S. 51:** トラノスケ, Kannapat, virinaflora; **S. 56:** jokatoons; **S. 57:** sisti, Kannapat, puaypuayzaa, mejn, Jane Kelly; **S. 59:** トラノスケ; **S. 60:** jamesjoong; **S. 61:** マメハル, YummyBuum; **S. 64:** drawlab19, BNP Design Studio; **S. 65:** denis_pc, Good Studio; **S. 67+68:** BNP Design Studio; **S. 69:** Dionisvera; **S. 73:** Evgeniy Zimin; **S. 74:** pixelrobot, Veysel; **S. 75:** vvoe, martialred, Valenty, jamesjoong

Wikipedia.de: **S. 21**

# Inhalt




So lerne ich Deutsch ... von Anfang an!
Vielseitige Übungseinheiten zur Stärkung der Alltagskommunikation – Bestell-Nr. 12 909
KOHL VERLAG Lernen mit Erfolg

# Inhalt




KOHL VERLAG Lernen mit Erfolg
So lerne ich Deutsch ... von Anfang an!
Vielseitige Übungseinheiten zur Stärkung der Alltagskommunikation – Bestell-Nr. 12 909

# Vorwort

**Liebe Kolleginnen, liebe Kollegen,**

der vorliegende Band entstand aus der Schulpraxis* und ist auch dafür bestimmt. Das Werk ging hervor aus der Unterrichtstätigkeit in sogenannten IVK-Klassen (= Internationale Vorbereitungsklassen) in Hamburg. In solchen Klassen sollen aus verschiedenen Staaten stammende junge Migranten elementare deutsche Sprachkenntnisse erwerben.

Im dargebotenen Band erfolgt für die Adressaten die Einführung in die deutsche Sprache. Dabei wird in kleinen Schritten vorgegangen. Die präsentierten Arbeitsmaterialien bauen systematisch aufeinander auf und sind dementsprechend im Unterricht einsetzbar. Vor allem geht es um die Alltagskommunikation. Besonderer Wert wird auf die nachhaltige Festigung des Lernstoffes gelegt. Dafür werden (so manche) Übungsmaterialien bereitgehalten.

So weit die Vorbemerkungen, die folgenden Arbeitsmaterialien sprechen für sich. Für Verbesserungsvorschläge zum Band sei im Voraus gedankt.

Viele Erfolge bei der Verwendung der Arbeitsmaterialien im Unterricht wünschen der Kohl-Verlag sowie

***Billur Shirazi und Friedhelm Heitmann***

*Wie sagte doch schon einst Friedrich Engels (1820 - 1895):

**„Eine Unze Praxis ist besser als eine Tonne Theorie."**



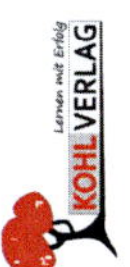

# Das Buch gehört …

Ich heiße: ______________________________________________ .

Vorname Nachname

Ich wohne in: ___________________________________________

Straße Nummer

_________________________________________________ .

Postleitzahl Ort

Ich bin ____________ Jahre alt.

Ich gehe in die: ________________________________________ .

Schulname

Meine Klasse heißt: __________

Meine Deutschlehrerin heißt: _____________________________

Mein Deutschlehrer heißt: ________________________________

# Das Abc

*Schreibe die einzelnen Buchstaben des Alphabets als Großbuchstaben und Kleinbuchstaben. Lerne das Alphabet. Schreibe die Wörter in deiner Sprache auf. Benutze dein Wörterbuch.*

| | | Schreibe! | Aussprache | Beispiele | Meine Sprache |
|---|---|---|---|---|---|
| 1. | A a | A a | a | der Apfel | |
| 2. | B b | | be | das Buch | |
| 3. | C c | | tse | der Computer | |
| 4. | D d | | de | die Decke | |
| 5. | E e | | e | die Erde | |
| 6. | F f | | eff | der Finger | |
| 7. | G g | | ge | das Geld | |
| 8. | H h | | ha | die Hand | |
| 9. | I i | | i | der Igel | |
| 10. | J j | | yott | die Jacke | |
| 11. | K k | | ka | die Katze | |
| 12. | L l | | ell | die Lampe | |
| 13. | M m | | em | die Mappe | |
| 14. | N n | | en | die Nase | |
| 15. | O o | | o | der Ofen | |
| 16. | P p | | pe | der Pinsel | |
| 17. | Q q | | ku | das Quadrat | |
| 18. | R r | | er | das Rad | |
| 19. | S s | | es | der Stuhl | |
| 20. | T t | | te | die Tafel | |
| 21. | U u | | u | die Uhr | |
| 22. | V v | | fau | der Vogel | |
| 23. | W w | | we | das Wasser | |
| 24. | X x | | iks | das Xylofon | |
| 25. | Y y | | ipsilon | die Yacht | |
| 26. | Z z | | tset | der Zahn | |

# Das Abc

Zum Alphabet hinzu kommen diese Laute:

| Buchstaben Laute | Name | Beispiel | Meine Sprache |
|---|---|---|---|
| Ä – ä | A - Umlaut | die Äpfel<br>der Bär<br>täglich | |
| Ö – ö | O - Umlaut | das Öl<br>der Löwe | |
| Ü – ü | U - Umlaut | die Überraschung<br>das Gemüse | |
| ß | Eszett<br>(nur klein) | die Straße<br>der Fuß | |
| Au – au | | das Auto<br>laut | |
| Äu – äu | | der Räuber | |
| Eu – eu | | das Feuer | |
| Ei – ei | | das Eis | |
| Ai – ai | | der Mai | |
| Sch – sch | | der Schnee | |

***Buchstabiere die Namen.***

Beispiel: Sara: es – a – er – a / Irfan: i – er – ef – a – en

Buchstabiere deinen Namen: ______________________________

Buchstabiere einen Namen aus der Klasse: ______________________

***Schreibe das Alphabet auf.***

| A a | B b | | | | | | | | |
|---|---|---|---|---|---|---|---|---|---|
| | | | | | | | | | |
| | | | | | Z z | | | | |



KOHL VERLAG Lernen mit Erfolg
So lerne ich Deutsch ... von Anfang an! Vielseitige Übungseinheiten zur Stärkung der Alltagskommunikation – Bestell-Nr. 12 909

# Erster Schultag

Die Lehrerin und der Lehrer kommen in die Klasse. Es sind 12 Schüler in der Klasse. Sie kommen alle aus verschiedenen Ländern. Die Lehrerin hat viele von ihnen bei der Einschulung kennengelernt. Zwei Schüler kennt die Lehrerin auch von letztem Schuljahr. Diese Schüler sind seit 2 oder 3 Monaten in Deutschland. Sie sind jetzt in einer deutschen Schule. Hier lernen sie Deutsch.

Die Lehrerin **sagt: Guten Morgen** liebe Klasse 8i.

Ich **bin** eure **Klassenlehrerin**.

Ich **heiße** Frau ______________________________.

Und das **ist** Herr ______________________________.

Er ist euer **Klassenlehrer**.

Die Schüler **sagen**: Guten Morgen **Frau** ______________________.

Guten Morgen **Herr** ______________________.

Wie sagst du **Guten Morgen** in deiner Sprache? ________________

KOHL VERLAG Lernen mit Erfolg
So lerne ich Deutsch ... von Anfang an!
Vielseitige Übungseinheiten zur Stärkung der Alltagskommunikation – Bestell-Nr. 12 909

# Erster Schultag

## Die Schüler stellen sich vor:

Wer bist du? / Wie heißt du? / Wie ist dein Name?

Ich bin Braima.

Ich bin Denis.

Ich bin Emilio.

Ich bin Erfan.

Ich heiße Theofania.

Ich heiße Hussam.

Ich heiße Ines.

Ich heiße Irina.

Mein Name ist Jekaterina.

Mein Name ist Redjon.

Mein Name ist Sergiu.

Mein Name ist Süha.

***Jetzt du***

Wer bist du? ____________________

Wie heißt du? ____________________

Wie ist dein Name? ____________________

So lerne ich Deutsch ... von Anfang an!
Vielseitige Übungseinheiten zur Stärkung der Alltagskommunikation – Bestell-Nr. 12 909
KOHL VERLAG

# Herkunft erfragen und nennen

**Woher kommst du?** Ich komme aus …

Auch so üben: **Woher stammst du?** Ich stamme aus …

**Wie heißt dein Heimatland?** Mein Heimatland heißt …

Die Lehrerin **sagt**: Ich komme **aus** Deutschland.

Die Lehrerin **fragt**: Braima, **woher kommst du?**

Braima sagt: Ich komme **aus** Portugal.

Braima fragt: Denis, **woher kommst du?**

Denis sagt: Ich komme **aus** Mazedonien.

Denis fragt: Emilio, **woher kommst du?**

Emilio sagt: Ich komme **aus** Spanien.

Die Lehrerin sagt: Wir alle **leben** in Deutschland.

***Bilde weitere Sätze wie in den Beispielen.***

Hussam sagt: Ich komme ___________ ________________________

So lerne ich Deutsch … von Anfang an!
Vielseitige Übungseinheiten zur Stärkung der Alltagskommunikation – Bestell-Nr. 12 909
KOHL VERLAG

## Wer kommt woher?

Du weißt, woher die Schüler kommen. Du siehst die kleinen Bilder an und beantwortest folgende Fragen wie in den Beispielen.

| | |
|---|---|
| Wer ist das? | Das ist ... |
| Wie heißt **er**? | **Er** heißt ... |
| Wie heißt **sie**? | **Sie** heißt ... |
| Woher **kommt** er? | Er kommt aus ... |
| Woher **stammt** sie? | Sie stammt aus ... |

| | |
|---|---|
| | Das ist Ines. Sie kommt aus Portugal. |
| | Das ist Denis. Er stammt aus Mazedonien. |
| | |
| | |
| | |
| | |
| | |
| | |
| | |
| | |
| | |
| | |



KOHL VERLAG
So lerne ich Deutsch ... von Anfang an!
Vielseitige Übungseinheiten zur Stärkung der Alltagskommunikation – Bestell-Nr. 12 909

# Herkunft erfragen und nennen

## Wie heißen die Wörter in deiner Sprache?

| Deutsch | Meine Sprache | Deutsch | Meine Sprache |
|---|---|---|---|
| kommen | | die Lehrerin | |
| sagen | | woher? | |
| fragen | | aus | |
| leben | | ich | |
| heißen | | du | |
| stammen | | das Heimatland | |
| wer? | | wie? | |
| der Name | | jetzt | |
| die Klassenlehrerin | | der Klassenlehrer | |
| das Bild | | die Frage | |
| sehen | | beantworten | |
| das Beispiel | | mein | |
| dein | | er, sie | |

Grammatik

| | | | | |
|---|---|---|---|---|
| **ich** | komm-**e** | sag-**e** | frag-**e** | heiß-**e** |
| **du** | komm-**st** | sag-**st** | frag-**st** | heiß-**t** |

| | | |
|---|---|---|
| Ich | **bin** | Theofania |
| Du | **heißt** | Redjon |

| | | | | | |
|---|---|---|---|---|---|
| **er** | komm - **t** | stamm- **t** | sag - **t** | frag - **t** | heiß - **t** |
| **sie** | komm - **t** | stamm - **t** | sag - **t** | frag - **t** | heiß - **t** |

*Lerne:*

| | **kommen** | **sagen** | **fragen** | **heißen** | **sein** |
|---|---|---|---|---|---|
| **ich** | komm -e | sage | frage | heiße | bin |
| **du** | komm -st | sagst | fragst | heißt | bist |
| **er** | komm -t | sagt | fragt | heißt | ist |
| **sie** | komm -t | sagt | fragt | heißt | ist |

So lerne ich Deutsch ... von Anfang an!
Vielseitige Übungseinheiten zur Stärkung der Alltagskommunikation – Bestell-Nr. 12 909

# Sich selbst und andere vorstellen

## Eine neue Schülerin in der Klasse 8 i

Lehrerin: Guten Morgen liebe Klasse 8 i.

Schüler: Guten Morgen Frau ...

Lehrerin: Ich sehe **eine neue Schülerin** in der Klasse.

Lehrerin: Guten Morgen. Wie heißt du?

Neue Schülerin: Ich **heiße** Viktoria.

Lehrerin: Ich heiße Frau ... Ich bin deine Klassenlehrerin/Deutschlehrerin.
**Woher kommst du?**

Viktoria: Aus Polen. **Ich komme** aus Polen.

Lehrerin: **Wie alt bist du?**

Viktoria: **Ich bin 13 Jahre alt.**

Lehrerin: Wie lange bist du schon in Deutschland?

Viktoria: 2 Monate.

Lehrerin: Du verstehst schon viel Deutsch.

Ich **heiße** Viktoria.
Ich **komme aus** Polen.
Ich **bin** 13 Jahre alt.
Ich **spreche** Polnisch und Englisch.
Ich **lerne** Deutsch.

KOHL VERLAG
So lerne ich Deutsch ... von Anfang an!
Vielseitige Übungseinheiten zur Stärkung der Alltagskommunikation – Bestell-Nr. 12 909

# Sich selbst und andere vorstellen

<u>Aufgabe 1</u>: *Du hast den Text auf der Seite 14 gelesen. Beantworte folgende Fragen.*

a) Woher kommt Viktoria?

______________________________________________

b) Wie lange ist Viktoria in Deutschland?

______________________________________________

c) Welche Muttersprache spricht Viktoria?

______________________________________________

<u>Aufgabe 2</u>: *Stelle dich Viktoria vor.*

Hallo Viktoria.

Ich heiße ______________________________.

Ich komme ____________________________.

Ich bin ________ Jahre alt.

Ich bin seit _____ Monaten in Deutschland.

Ich spreche ___________________________________.

Wir sind in der Klasse ____ Schülerinnen und ______ Schüler.

Ich ________ gern _________________.

Ich ________ auch gern ______________.



KOHL VERLAG Lernen mit Erfolg
So lerne ich Deutsch ... von Anfang an!
Vielseitige Übungseinheiten zur Stärkung der Alltagskommunikation – Bestell-Nr. 12 909

Aufgabe 3: *Eine Woche später bist du wieder mit Viktoria auf dem Schulhof. Eine Schülerin möchte wissen, wer die neue Schülerin ist. Stelle Viktoria vor. Setze die Verben (in Klammern) richtig ein.*

Das ________ (**sein**) Viktoria. Sie ________ (**sein**) vierzehn Jahre alt. Sie ________________ (**kommen**) aus Polen. Sie ________ (**leben**) in Deutschland. Sie ___________ (**haben**) zwei Geschwister. Viktor _______________ (**sein**) sieben Jahre alt. Er ___________ (**gehen**) in die zweite Klasse. Valeska ___________ (**sein**) zehn Jahre alt. Sie __________ (**gehen**) auch in die Schule. Sie (Pl.) __________ (**lernen**) Deutsch.

Aufgabe 4: *Genauso stellst du die andere Schülerin Viktoria vor!*

______________________________________________

______________________________________________

______________________________________________

______________________________________________

______________________________________________

______________________________________________

______________________________________________

______________________________________________

______________________________________________

______________________________________________

KOHL VERLAG Lernen mit Erfolg
So lerne ich Deutsch ... von Anfang an! Vielseitige Übungseinheiten zur Stärkung der Alltagskommunikation – Bestell-Nr. 12 909

# Länder und Sprachen

Aufgabe 1: *Du weißt, woher die Schüler aus der Klasse 8 i kommen. Welche Sprachen sprechen diese Schüler? Was meinst du? Ergänze die Sätze.*

1. Braima kommt aus Portugal.
   Er spricht ______________________________.
2. Denis kommt aus Nordmazedonien.
   Er spricht Türkisch und _________________________.
3. Emilio kommt aus Spanien.
   Er spricht ______________________________.
4. Erfan kommt aus dem Iran.
   Er spricht ______________________________.
5. Hussam kommt aus Syrien.
   Er spricht ______________________________.
6. Irina kommt aus der Ukraine.
   Sie spricht Englisch und _________________________.
7. Jekaterina kommt aus Litauen.
   Sie spricht ______________________________.
8. Ines kommt aus Portugal.
   Sie spricht ______________________________.
9. Redjon kommt aus Albanien.
   Er spricht ______________________________.
10. Sergiu kommt aus Griechenland. Er spricht vier Sprachen.
    Die eine Sprache heißt _________________________.
11. Süha kommt aus der Türkei.
    Er spricht ______________________________.
12. Theofania kommt aus Griechenland.
    Sie spricht Englisch und _________________________.

Griechisch (2x) – Spanisch – Türkisch – Albanisch – Portugiesisch (2x) – Russisch – Ukrainisch – Farsi – Mazedonisch – Arabisch

**Aufgabe 2:** *Welche Sprache oder Sprachen sprichst du?*

Ich spreche ______________________________________________.

**Aufgabe 3:** *Welche Sprachen sprechen deine Mitschüler? Frage sie und schreibe Sätze wie oben.*

______________________________________________

______________________________________________

______________________________________________

______________________________________________

______________________________________________

______________________________________________

______________________________________________

______________________________________________

______________________________________________

______________________________________________

So lerne ich Deutsch ... von Anfang an! Vielseitige Übungseinheiten zur Stärkung der Alltagskommunikation – Bestell-Nr. 12 909
KOHL VERLAG

# Unsere Klasse

Aufgabe 1: *Ergänze!*

Insgesamt ________ Schüler besuchen die Klasse ________.

Es sind ________ Mädchen und ________ Jungen. Die Schüler stammen aus den Ländern (= Staaten):

________________________________________

________________________________________

________________________________________

________________________________________

Aufgabe 2: *Schreibe eigene Sätze über deine Klasse auf!*

________________________________________

________________________________________

________________________________________

________________________________________

________________________________________

So lerne ich Deutsch ... von Anfang an!
Vielseitige Übungseinheiten zur Stärkung der Alltagskommunikation – Bestell-Nr. 12 909

# Teste dich – was kannst du?

## Länder – Sprachen

*Beantworte die Fragen in vollständigen Sätzen!*

1. Welche Sprache sprechen die Deutschen?

   ______________________________________________

2. Welche Sprache sprechen die Russen?

   ______________________________________________

3. Wie heißt deine Muttersprache?

   ______________________________________________

4. Welche Sprache spricht man in Spanien?

   ______________________________________________

5. Enrico kommt aus Italien. Was spricht er?

   ______________________________________________

6. Bernice kommt aus Großbritannien. Was spricht sie?

   ______________________________________________

7. Ich spreche Griechisch. Woher komme ich?

   ______________________________________________

8. Pedro kommt aus Portugal. Welche Sprache spricht er?

   ______________________________________________

9. Ich wohne in Paris und spreche Französisch. Aus welchem Land komme ich?

   ______________________________________________

10. Henryka spricht Polnisch. Woher kommt sie?

   ______________________________________________

KOHL VERLAG So lerne ich Deutsch ... von Anfang an! Vielseitige Übungseinheiten zur Stärkung der Alltagskommunikation – Bestell-Nr. 12 909

# Teste dich – was kannst du?

11. Ich wohne in Bern, spreche Deutsch, Französisch und Italienisch.
Woher komme ich?

______________________________________________

12. Ich wohne in Brüssel. Ich spreche Französisch und Niederländisch.
Aus welchem Land komme ich?

______________________________________________

Österreich

Deutschland

Italien

Griechenland

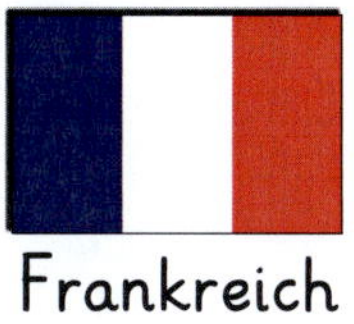
Frankreich

Russland

Belgien

Portugal

Spanien

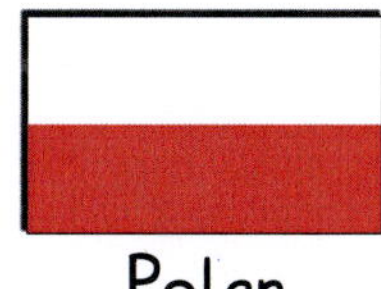
Polen

Schweiz

Großbritannien

So lerne ich Deutsch ... von Anfang an!
Vielseitige Übungseinheiten zur Stärkung der Alltagskommunikation – Bestell-Nr. 12 909

# Fragen und Antworten

| Guten Tag! | Herzlich Willkommen! | Hallo! |
|---|---|---|

1. Wie heißt du?

   Ich heiße ____________________

2. Aus welchem Land kommst du?

   Ich komme aus ____________________

3. Seit wann lebst du in Deutschland?

   Ich lebe seit ________ Wochen / Monaten / Jahren in ____________

4. Wie lautet deine Adresse?

   Meine Adresse lautet ____________________

5. Welche Telefonnummer hast du?

   Meine Telefonnummer ist ____________________

6. Wie alt bist du?

   Ich bin __________ Jahre alt.

7. Wie viele Brüder hast du?

   Ich habe ____________________

8. Wie viele Schwestern hast du?

   Ich habe ____________________

KOHL VERLAG So lerne ich Deutsch ... von Anfang an! Vielseitige Übungseinheiten zur Stärkung der Alltagskommunikation – Bestell-Nr. 12 909

# Begrüßungen in der deutschen Sprache

*Wie heißen diese Wörter in deiner Sprache? Sprich nach und lerne.*

die Begrüßung: ______________________________

sich begrüßen: ______________________________

| So begrüßt man sich in Deutschland. | Wie sagt man das in deiner Sprache? |
|---|---|
| **Guten Morgen!** | |
| **Guten Tag!** | |
| **Guten Abend!** | |
| **Hallo!** | |
| **Hi!**<br>Besonders von Jugendlichen gebraucht. | |
| **Moin!**<br>Sagt man in Norddeutschland. | |
| **Grüß Gott!**<br>Sagt man in Süddeutschland, besonders in Bayern. | |
| **Servus!**<br>Sagt man in Süddeutschland, besonders in Bayern. | |
| **Wie geht's?** (= Wie geht es?) | |
| **Grüß dich!**<br>So grüßt man besonders in Süddeutschland. | |
| **Mahlzeit!**<br>Meistens sagt man Mahlzeit zwischen 12 und 13 Uhr. Oft hört man diesen Gruß am Arbeitsplatz. | |

KOHL VERLAG Lernen mit Erfolg
So lerne ich Deutsch ... von Anfang an! Vielseitige Übungseinheiten zur Stärkung der Alltagskommunikation – Bestell-Nr. 12 909

# Verabschiedungen in der deutschen Sprache

*Wie heißen diese Wörter in deiner Sprache?*

die Verabschiedung: ____________________

sich verabschieden: ____________________

| So verabschiedet man sich in Deutschland. | Wie sagt man das in deiner Sprache? |
| --- | --- |
| Auf Wiedersehen! | |
| Tschüs(s)! | |
| Tschau! | |
| Bis dann! | |
| Bis gleich! | |
| Bis nachher! | |
| Bis später! | |
| Wir sehen uns (wieder)! | |
| Alles Gute! | |
| Ich wünsche Ihnen einen guten Tag! | |
| Viel Glück! | |
| Gute Nacht! | |
| Servus! | |
| Bis nächste Woche! | |
| Mach's gut! | |
| Machen Sie es gut! | |
| Auf Wiederhören! | |
| Einen schönen Tag noch! | |

KOHL VERLAG So lerne ich Deutsch ... von Anfang an! Vielseitige Übungseinheiten zur Stärkung der Alltagskommunikation – Bestell-Nr. 12 909

# Aus dem Alltag

## Weitere höfliche Redewendungen in der deutschen Sprache

*Wie heißen diese Wörter in deiner Sprache?*

die Redewendung: ______________________________

höflich: ______________________________

| So sagt man auf Deutsch. | Wie sagt man das in deiner Sprache? |
|---|---|
| Danke (schön)! | |
| Vielen Dank! | |
| Bitte (schön)! | |
| Entschuldigung! | |
| Verzeihung! | |
| Pardon! | |
| Es tut mir leid! | |
| Danke sehr! | |
| Ich bedanke mich! | |
| Sehr nett von Ihnen! | |
| Wie bitte? | |
| Was hast du gesagt? | |
| Einen Moment bitte! | |
| Darf ich mal durch? | |
| Darf ich mal vorbei? | |
| Gesundheit! | |
| Gute Besserung! | |
| Guten Morgen | |
| Guten Tag | |
| Sehr nett von dir! | |

*Lerne die Sätze auswendig und versuche sie im Alltag zu benutzen.*

KOHL VERLAG Lernen mit Erfolg
So lerne ich Deutsch ... von Anfang an! Vielseitige Übungseinheiten zur Stärkung der Alltagskommunikation – Bestell-Nr. 12 909

# Aus dem Alltag

*Wie sagt man diese Sätze in deiner Sprache? Schreibe auf!*

| | So sagt man es auf Deutsch. | Wie sagt man das in deiner Sprache? |
|---|---|---|
| 1. | Nein, das möchte ich nicht! | |
| 2. | Ich habe Hunger. | |
| 3. | Mir ist kalt. | |
| 4. | Ich habe Durst. | |
| 5. | Das ist mein Buch. | |
| 6. | Das ist mein Heft. | |
| 7. | Ich brauche einen Stift. | |
| 8. | Ich habe eine Frage. | |
| 9. | Ich möchte etwas fragen. | |
| 10. | Ich verstehe das nicht. | |
| 11. | Darf ich zur Toilette gehen? | |
| 12. | Helfen Sie mir bitte. | |
| 13. | Ich möchte mitspielen. | |
| 14. | Ich brauche ein Wörterbuch. | |
| 15. | Wie heißt das auf Deutsch? | |
| 16. | Ich habe meine Aufgaben vergessen. | |
| 17. | Ich kann Sie nicht hören. | |
| 18. | Das verstehe ich nicht. | |
| 19. | Ist das richtig? | |
| 20. | Ist das falsch? | |

*Lerne die Sätze auswendig und versuche sie im Alltag zu benutzen.*

So lerne ich Deutsch ... von Anfang an!
Vielseitige Übungseinheiten zur Stärkung der Alltagskommunikation – Bestell-Nr. 12 909
KOHL VERLAG

# Schule

*Wie heißen diese Wörter in deiner Sprache?*

| Deutsch | Deine Sprache |
|---|---|
| die Adresse | |
| die Schule | |
| die Telefonnummer | |
| der Schulleiter | |
| die Schulleiterin | |
| der Klassenlehrer | |
| die Klassenlehrerin | |
| der Fachlehrer | |
| die Fachlehrerin | |
| das Schulfach | |
| die Schulfächer | |
| der Unterricht | |
| liegen | |
| der Schüler | |
| die Schülerin | |
| die Klasse | |
| groß | |
| klein | |
| das Lieblingsfach | |
| mögen | |
| heißen | |

*Lerne diese Wörter!*

KOHL VERLAG Lernen mit Erfolg
So lerne ich Deutsch ... von Anfang an!
Vielseitige Übungseinheiten zur Stärkung der Alltagskommunikation – Bestell-Nr. 12 909

# Schule

*Ergänze.*

1. Die Adresse der Schule ist:

______________________________________________

2. Die Schule hat die Telefonnummer:

______________________________________________

3. Die Schule hat die E-Mail-Adresse:

______________________________________________

4. Die Schulleiterin/Der Schulleiter heißt:

______________________________________________

5. Ich bin in der Klasse:

______________________________________________

6. Die Klassenlehrerin/Der Klassenlehrer ist:

______________________________________________

7. Die Fachlehrer heißen:

______________________________________________

______________________________________________

8. Wir haben Unterricht in den Schulfächern:

______________________________________________

______________________________________________

9. Meine Lieblingsfächer sind:

______________________________________________

10. Ich mag nicht die Schulfächer:

______________________________________________

11. Die Schule liegt in

______________________________________________

12. Es ist eine (große/kleine) ____________ Schule.

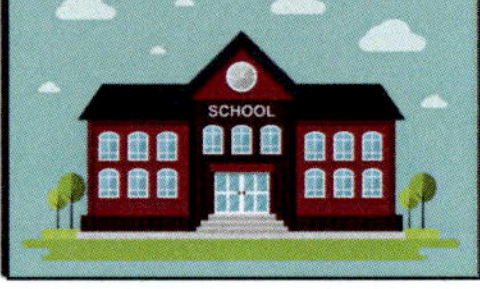




So lerne ich Deutsch ... von Anfang an!
Vielseitige Übungseinheiten zur Stärkung der Alltagskommunikation – Bestell-Nr. 12 909
KOHL VERLAG

Was ist das? Das ist der / die / das …

*Schreibe Sätze wie im Beispiel.*

| | |
|---|---|
| 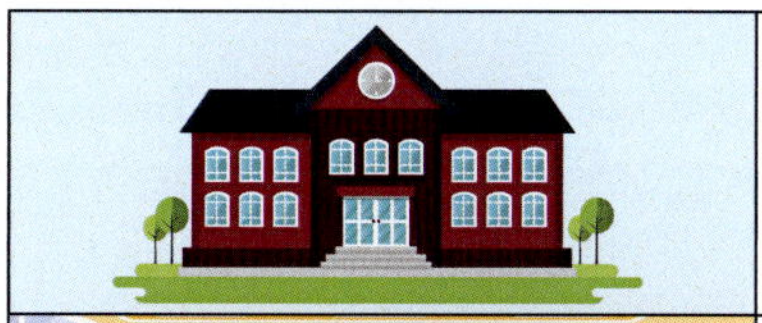 | Das ist **die Schule.** |
| 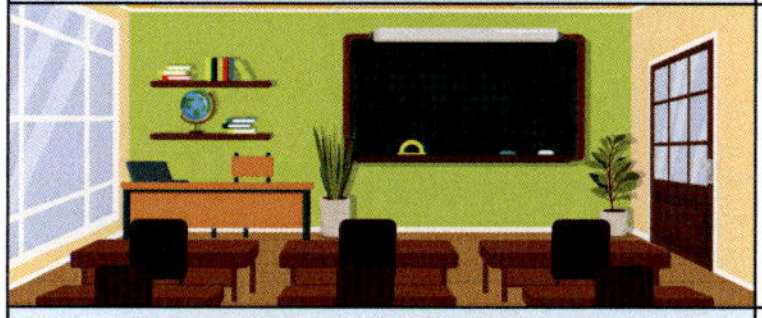 | Das ist |
| | |
| 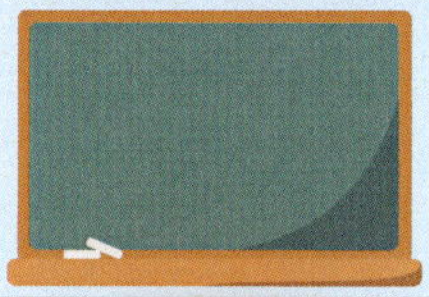 | |
| 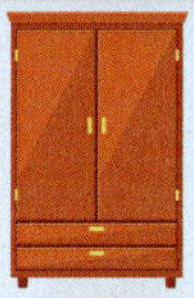 | |
| 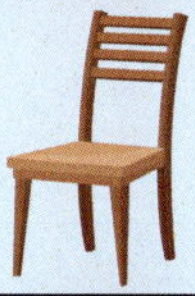 | |
| 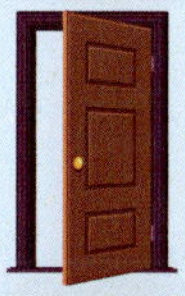 | |
| 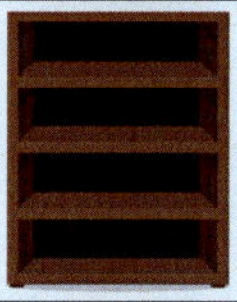 | |
| 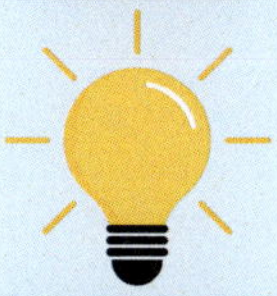 | |
| 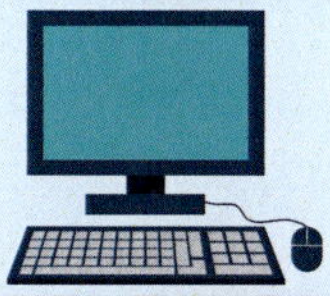 | |
| 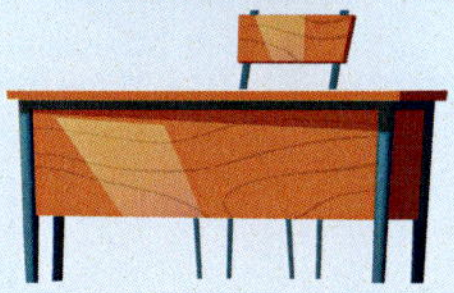 | |

So lerne ich Deutsch ... von Anfang an!
Vielseitige Übungseinheiten zur Stärkung der Alltagskommunikation – Bestell-Nr. 12 909
KOHL VERLAG

# Schule

Was ist das? Das ist der/die/das …

KOHL VERLAG So lerne ich Deutsch … von Anfang an! Vielseitige Übungseinheiten zur Stärkung der Alltagskommunikation – Bestell-Nr. 12 909

# Schule

## Menschen und Orte in der Schule

Aufgabe 1: *Wie heißt der Ort? Schreibe die Wörter in deiner Sprache.*

| Deutsch | Meine Sprache |
|---|---|
| die Cafeteria | |
| das Lehrerzimmer | |
| die Sporthalle | |
| das Klassenzimmer | |
| die Toilette | |
| das Sekretariat | |
| das Schulbüro | |
| der Hausmeister | |
| die Reinigungskräfte | |
| der Schulhof | |

| Deutsch | Meine Sprache |
|---|---|
| der Lehrer | |
| die Lehrerin | |
| die Sekretärin | |
| die Abteilungsleiterin | |
| der Abteilungsleiter | |
| die Schulleiterin | |
| der Schulleiter | |
| der Schüler | |
| die Schülerin | |
| die Bücherei | |

Aufgabe 2: *Erkundige dich. Wo findest du folgende Orte in deiner Schule? Bilde Sätze wie im Beispiel.*

Das Lehrerzimmer **ist** im ersten Stock.

Die Bücherei ist ____________________

Der Hausmeister ____________________

Die Cafeteria ____________________

Die Sporthalle ____________________

Aufgabe 3: *Schreibe die Orte.*

| | |
|---|---|
| Dort isst du Mittag. | die Cafeteria |
| Dort hast du Unterricht. | ____________ |
| Dort sitzt die Sekretärin. | ____________ |
| Dort machst du Sport. | ____________ |
| Dort spielst du in der Pause. | ____________ |

So lerne ich Deutsch ... von Anfang an!
Vielseitige Übungseinheiten zur Stärkung der Alltagskommunikation – Bestell-Nr. 12 909

## Anweisungen in der Schule

*Wie heißen diese Anweisungen in deiner Sprache? Ergänze.*

| Deutsch | Meine Sprache |
|---|---|
| Schreibe! | |
| Unterstreiche! | |
| Ordne zu! | |
| Kreuze an! | |
| Schneide aus! | |
| Beantworte die Frage! | |
| Höre zu! | |
| Sprich nach! | |
| Verbinde! | |
| Fülle die Lücken aus! | |
| Wiederhole! | |
| Rechne! | |
| Zeichne ein Bild! | |
| Male aus! | |
| Schlage im Wörterbuch nach! | |
| Übersetze! | |
| Bilde Sätze! | |
| Markiere! | |
| Verbessere! | |
| Korrigiere! | |

KOHL VERLAG
So lerne ich Deutsch ... von Anfang an!
Vielseitige Übungseinheiten zur Stärkung der Alltagskommunikation – Bestell-Nr. 12 909

# Tage und Tageszeiten

So sage ich das in meiner Sprache.

der Tag: ____________________ der Morgen: ____________________

der Abend: ____________________ die Nacht: ____________________

der Mittag: ____________________ der Vormittag: ____________________

der Nachmittag: ____________________

Guten Morgen: ____________________

Guten Tag: ____________________

Guten Abend: ____________________

Gute Nacht: ____________________

morgens: ____________________ mittags: ____________________

vormittags: ____________________ nachmittags: ____________________

abends: ____________________ nachts: ____________________

**Was machst du gern?**

***Ergänze die Sätze wie im Beispiel.***

1. Am Morgen frühstücke ich.
2. Am Vormittag ________________________________________.
3. Am Mittag ________________________________________.
4. Am Nachmittag ________________________________________.
5. Am Abend ________________________________________.
6. In der Nacht ________________________________________.

in die Schule gehen – Fußball spielen – schlafen – ~~frühstücken~~ – nach Hause gehen – Hausaufgaben machen

So lerne ich Deutsch ... von Anfang an!
Vielseitige Übungseinheiten zur Stärkung der Alltagskommunikation – Bestell-Nr. 12 909

# Tage und Tageszeiten

## Wochentage

**Die Woche hat 7 Tage.**

Die Woche beginnt am Montag. Am Sonntag endet die Woche.

| | | |
|---|---|---|
| **der** Montag | am Montag | am Wochenende |
| **der** Dienstag | am Dienstag | jeden Tag |
| **der** Mittwoch | am Mittwoch | jeden Montag |
| **der** Donnerstag | am Donnerstag | letzten Mittwoch |
| **der** Freitag | am Freitag | freitags |
| **der** Sonnabend (= Samstag) | am Samstag | samstags / sonnabends |
| **der** Sonntag | am Sonntag | sonntags |

**Merke dir:** In **Norddeutschland** sagt man **Sonnabend**. In Süddeutschland sagt man dafür Samstag.

**Wie heißen diese Wörter in deiner Sprache?**

heute: ______________________________

morgen: ______________________________

übermorgen: ______________________________

gestern: ______________________________

vorgestern: ______________________________

die Woche: ______________________________

das Wochenende: ______________________________

diese Woche: ______________________________

nächste Woche: ______________________________

vorige Woche: ______________________________

in einer Woche: ______________________________

vor einer Woche: ______________________________

So lerne ich Deutsch ... von Anfang an!
Vielseitige Übungseinheiten zur Stärkung der Alltagskommunikation – Bestell-Nr. 12 909

# Die Monate

**Das Jahr hat 12 Monate:**

| | | |
|---|---|---|
| 1. Januar | 5. Mai | 9. September |
| 2. Februar | 6. Juni | 10. Oktober |
| 3. März | 7. Juli | 11. November |
| 4. April | 8. August | 12. Dezember |

Aufgabe 1: *In welchem Monat hast du Geburtstag?*

Ich habe im ________________________ Geburtstag.

Aufgabe 2: *Schreibe die Monate so:*

im Januar, im Februar, im März, im April, im ______________,

___ ____________, ___ ____________, ___ ____________,

___ ____________, ___ ____________,

___ ____________, ___ ____________

Aufgabe 3: *Wie viele Tage haben die Monate? Schreibe Sätze wie im Beispiel.*

Der Januar hat 31 Tage. Der Februar hat ______________________

______________________________________________

______________________________________________

______________________________________________

______________________________________________

______________________________________________

______________________________________________

So lerne ich Deutsch ... von Anfang an!
Vielseitige Übungseinheiten zur Stärkung der Alltagskommunikation – Bestell-Nr. 12 909
KOHL VERLAG

## Die Jahreszeiten

Das Jahr hat vier Jahreszeiten.

Die Jahreszeiten heißen:

1. der Frühling  2. der Sommer  3. der Herbst  4. der Winter

**Aufgabe 1:** *Schreibe die Jahreszeiten so.*

im Frühling, ______ ______________________,

______ ______________________, ______ ______________________

**Aufgabe 2:** *Setze passende Jahreszeiten ein!*

a) März, April, Mai sind die Monate im ______________________.

b) Juni, Juli und August sind die Monate im ______________________.

c) September, Oktober und November sind die Monate im ______________.

d) Dezember, Januar und Februar sind die Monate im ______________.

**Aufgabe 3:** *In welcher Jahreszeit ist es warm?* ______________________

**Aufgabe 4:** *In welcher Jahreszeit ist es kalt?* ______________________

So lerne ich Deutsch ... von Anfang an! Vielseitige Übungseinheiten zur Stärkung der Alltagskommunikation – Bestell-Nr. 12 909
KOHL VERLAG

# Monate und Jahreszeiten

Aufgabe 5: *Welche Monate gehören zu welcher Jahreszeit? Ordne zu.*

Der Frühling:

____________________________________

Der Sommer:

____________________________________

Der Herbst:

____________________________________

Der Winter:

____________________________________

Aufgabe 6: *Ergänze die Sätze.*

1. Ich gehe ______ ______________________ gern spazieren.
2. Ich schwimme ______ ______________________ im Meer.
3. ______ ______________________ fahre ich Schlitten.
4. ______ ______________________ wird es langsam warm.
5. Ich bin ______ ______________________ geboren.
6. Ich mag die Jahreszeit/en ________________________.

# Zahlen

| 0 = null | | | | |
|---|---|---|---|---|
| 1 = eins | 21 = einundzwanzig | 41 = einundvierzig | 61 = einundsechzig | 81 = einundachtzig |
| 2 = zwei | 22 = zweiundzwanzig | 42 = zweiundvierzig | 62 = zweiundsechzig | 82 = zweiundachtzig |
| 3 = drei | 23 = dreiundzwanzig | 43 = dreiundvierzig | 63 = dreiundsechzig | 83 = dreiundachtzig |
| 4 = vier | 24 = vierundzwanzig | 44 = vierundvierzig | 64 = vierundsechzig | 84 = vierundachtzig |
| 5 = fünf | 25 = fünfundzwanzig | 45 = fünfundvierzig | 65 = fünfundsechzig | 85 = fünfundachtzig |
| 6 = sechs | 26 = sechsundzwanzig | 46 = sechsundvierzig | 66 = sechsundsechzig | 86 = sechsundachtzig |
| 7 = sieben | 27 = siebenundzwanzig | 47 = siebenundvierzig | 67 = siebenundsechzig | 87 = siebenundachtzig |
| 8 = acht | 28 = achtundzwanzig | 48 = achtundvierzig | 68 = achtundsechzig | 88 = achtundachtzig |
| 9 = neun | 29 = neunundzwanzig | 49 = neunundvierzig | 69 = neunundachtzig | 89 = neunundachtzig |
| 10 = zehn | 30 = **dreißig** | 50 = **fünfzig** | 70 = **siebzig** | 90 = **neunzig** |
| | | | | |
| 11 = elf | 31 = einunddreißig | 51 = einundfünfzig | 71 = einundsiebzig | 91 = einundneunzig |
| 12 = zwölf | 32 = zweiunddreißig | 52 = zweiundfünfzig | 72 = zweiundsiebzig | 92 = zweiundneunzig |
| 13 = dreizehn | 33 = dreiunddreißig | 53 = dreiundfünfzig | 73 = dreiundsiebzig | 93 = dreiundneunzig |
| 14 = vierzehn | 34 = vierunddreißig | 54 = vierundfünfzig | 74 = vierundsiebzig | 94 = vierundneunzig |
| 15 = fünfzehn | 35 = fünfunddreißig | 55 = fünfundfünfzig | 75 = fünfundsiebzig | 95 = fünfundneunzig |
| 16 = sechzehn | 36 = sechsunddreißig | 56 = sechsundfünfzig | 76 = sechsundsiebzig | 96 = sechsundneunzig |
| 17 = siebzehn | 37 = siebenunddreißig | 57 = siebenundfünfzig | 77 = siebenundsiebzig | 97 = siebenundneunzig |
| 18 = achtzehn | 38 = achtunddreißig | 58 = achtundfünfzig | 78 = achtundsiebzig | 98 = achtundneunzig |
| 19 = neunzehn | 39 = neununddreißig | 59 = neunundfünfzig | 79 = neunundsiebzig | 99 = neunundneunzig |
| 20 = **zwanzig** | 40 = **vierzig** | 60 = **sechzig** | 80 = **achtzig** | 100 = **einhundert** |

# Zahlen

Aufgabe 1: *Schreibe die folgenden Zahlen wie im Beispiel als Ziffern.*

| | | | |
|---|---|---|---|
| dreizehn | 13 | fünfundsiebzig | |
| zwanzig | | achtzig | |
| dreißig | | sechzig | |
| elf | | achtzehn | |
| einundvierzig | | neunundzwanzig | |
| siebenundzwanzig | | vierundvierzig | |
| fünfundvierzig | | neunundneunzig | |
| dreiundsiebzig | | siebenundachtzig | |
| einundachtzig | | einhundert | |

Aufgabe 2: *Schreibe die folgenden Zahlen wie im Beispiel als Wörter.*

| | | | |
|---|---|---|---|
| 9 | neun | 76 | |
| 5 | | 78 | |
| 28 | | 80 | |
| 33 | | 88 | |
| 38 | | 90 | |
| 45 | | 91 | |
| 53 | | 37 | |
| 60 | | 55 | |
| 70 | | 16 | |
| 30 | | 18 | |

Aufgabe 3: *Wie schreibst du die Ziffern richtig als Wörter?*

35: ______________________________

32: ______________________________

40: ______________________________

99: ______________________________

KOHL VERLAG Lernen mit Erfolg
So lerne ich Deutsch ... von Anfang an! Vielseitige Übungseinheiten zur Stärkung der Alltagskommunikation – Bestell-Nr. 12 909

# Das Datum

der 1. (= Ers**te**) – der 2. (= Zwei**te**) – der 3. (= Drit**te**) –
der 4. (= Vier**te**) – der 5. (= Fünf**te**) – der 6. (= Sechs**te**) –
der 7. (= Sieb**te**) – der 8. (= Ach**te**) – der 9. (= Neun**te**) –
der 10. (= Zehn**te**) – der 16. (= Sechzehn**te**) ...

**Achtung!** der 20. (= Zwanzig**ste**) – der 21. (= Einundzwanzig**ste**)
der 30. (= Dreißig**ste**)

**So fragst du nach dem Datum:** Welcher Tag ist heute?
Der Wievielte ist heute?

**So schreibst du das Datum:** Montag, den 5. Januar 2023

**So liest du das Datum:**

| | |
|---|---|
| **1988** | neunzehnhundertachtundachtzig |
| **2023** | zweitausenddreiundzwanzig |
| **17. Dezember** | siebzehnter Dezember – Heute ist der siebzehnte Dezember |
| **17.12.** | siebzehnter Zwölfter – Heute ist der siebzehnte Zwölfte. |
| **8. März 1988** | Ich bin am achten März neunzehnhundertachtundachtzig geboren. |
| **Hamburg, 15.3.2023** | Hamburg, fünfzehnter Dritter zweitausenddreiundzwanzig |
| **Am Montag, dem 10. März 2021** | Am Montag, dem zehnten März zweitausendeinundzwanzig |

KOHL VERLAG
So lerne ich Deutsch ... von Anfang an!
Vielseitige Übungseinheiten zur Stärkung der Alltagskommunikation – Bestell-Nr. 12 909

# Das Datum

<u>Aufgabe 1</u>: *Setze Wörter in die Lücken ein.*

1. Heute ist der ____________________________________________.
2. Heute haben wir den ______________________________________.
3. Ich habe am ___________________________ Geburtstag.
4. Meine Mutter hat am ______________________ Geburtstag.
5. Mein Vater hat am _________________________ Geburtstag.
6. Mein Bruder hat am ________________________ Geburtstag.
7. Mein Freund hat am ________________________ Geburtstag.
8. Meine Freundin hat am _____________________ Geburtstag.
9. Meine Lehrerin hat am _____________________ Geburtstag.
10. Mein Lehrer hat am __________________________ Geburtstag.
11. Die Ferien beginnen am ___________________________________.
12. Am _________________________________ ist Silvester.
13. Das Jahr endet am _________________________________________.
14. Der Tag der Deutschen Einheit ist am _______________________.
15. An der Tafel steht das aktuelle D__________________________.

So lerne ich Deutsch ... von Anfang an!
Vielseitige Übungseinheiten zur Stärkung der Alltagskommunikation – Bestell-Nr. 12 909

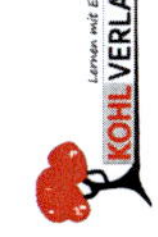

# Teste dich – was kannst du?

Aufgabe: *Setze Wörter in die Lücken ein.*

1. Es gibt ____________ Monate.
2. Die Monate heißen:

   ____________, ____________, ____________,

   ____________, ____________, ____________,

   ____________, ____________, ____________,

   ____________, ____________, ____________.
3. Manche Monate haben ________ Tage, andere nur ________ Tage.
4. Der ______________ist der einzige Monat mit 28 Tagen.
5. Es gibt __________ Jahreszeiten.
6. Die Jahreszeiten sind: ____________, ____________,

   ____________, ____________
7. Wie ist das Wetter im Sommer? ______________________________

   ______________________________.
8. Wann schneit es? ______________________________.
9. Wann werden die Blätter bunt? ______________________________

   ______________________________.
10. Wann werden die Blätter grün? ______________________________.
11. Eine Woche hat ____________ Tage.
12. Die Tage heißen: ____________, ____________,

    ____________, ____________, ____________,

    ____________, ____________.
13. Eine Woche hat ______________ Schultage.
14. Ende der Woche heißt das ______________________.
15. Das sind die Tage ______________ und ______________.



KOHL VERLAG Lernen mit Erfolg
So lerne ich Deutsch ... von Anfang an! Vielseitige Übungseinheiten zur Stärkung der Alltagskommunikation – Bestell-Nr. 12 909

# Die Uhrzeiten

**So fragst du nach der Uhrzeit:**

Wie spät ist es?
Wie viel Uhr ist es?

**So antwortest du:**

Es ist ... Uhr.
Es ist ... **vor** ...
Es ist ... **nach** ...

**15 Minuten** = viertel vor oder viertel nach / eine Viertelstunde
**30 Minuten** = halb / eine halbe Stunde
**60 Minuten** = eine volle Stunde
Die Stunden werden von 0 bis 24 Uhr wiedergegeben.

**So sagst du von 11 Uhr bis 12 Uhr.**

Es ist 11 Uhr. • Es ist 5 nach elf. • Es ist 10 nach elf. • Es ist viertel nach elf. • Es ist 20 nach elf. • Es ist 5 vor halb zwölf. • Es ist halb zwölf. • Es ist 5 nach halb zwölf. • Es ist 20 vor zwölf. • Es ist viertel vor zwölf. • Es ist 10 vor zwölf. • Es ist 5 vor zwölf. • Es ist 12 Uhr.

So lerne ich Deutsch ... von Anfang an! Vielseitige Übungseinheiten zur Stärkung der Alltagskommunikation – Bestell-Nr. 12 909
KOHL VERLAG

# Die Uhrzeiten

*Wie spät ist es? Schreibe die Uhrzeiten wie in beiden Beispielen.*

Es ist zwölf Uhr. 12 Uhr.

Es ist fünf nach zwölf. 12:05 Uhr.

Es ist vier Uhr. ________________

Es ist zehn nach vier. ________________

Es ist viertel nach vier. ________________

Es ist zwanzig nach sechs. ________________

Es ist halb fünf. ________________

Es ist fünf vor halb fünf. ________________

Es ist zwanzig vor sieben. ________________

Es ist viertel vor zehn. ________________

Es ist zehn vor elf. ________________

Es ist fünf vor drei. ________________

Es ist sieben Uhr morgens. ________________

Es ist sieben Uhr abends. ________________

Es ist zwölf Uhr nachts. ________________

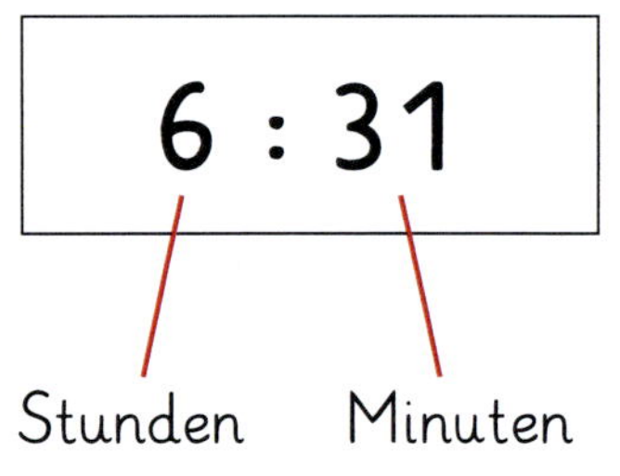

Der kleine Zeiger zeigt die Stunden an.
Der große Zeiger zeigt die Minuten an.
Und der rote Zeiger zeigt die Sekunden an.



KOHL VERLAG So lerne ich Deutsch ... von Anfang an! Vielseitige Übungseinheiten zur Stärkung der Alltagskommunikation – Bestell-Nr. 12 909

# Die Farben

*Kennst du die Farben? Schreibe die Namen der Farben auf.*

Rot • Gelb • Grün • Braun • Blau • Orange • Rosa • Grau • Violett • Schwarz • bunte Farbe • Weiß • Lila

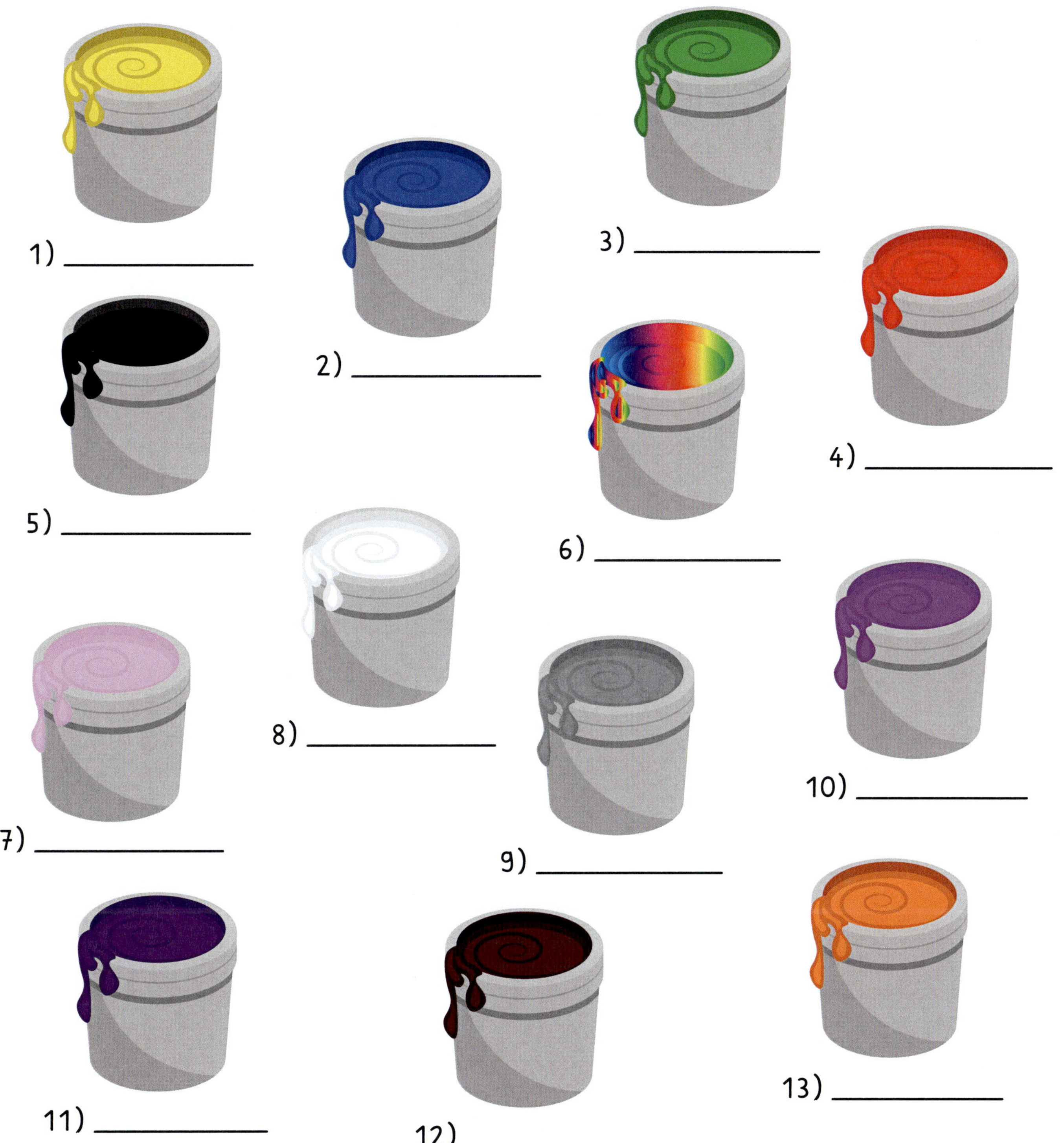


Wie heißt das Wort in deiner Sprache? Die Farbe: ____________________

So lerne ich Deutsch ... von Anfang an! Vielseitige Übungseinheiten zur Stärkung der Alltagskommunikation – Bestell-Nr. 12 909
KOHL VERLAG

# Die Farben

*Schreibe Sätze wie im Beispiel.*

| | |
|---|---|
| 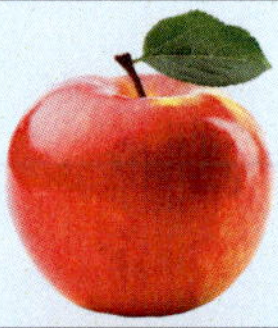 | Der Apfel ist rot. |
| | |
| | |
| | |
| | |
| | |
| | |
| | |
| | |
| | |

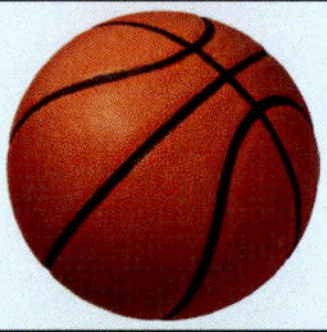

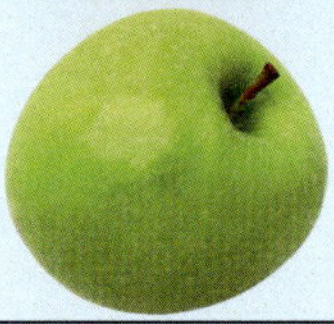

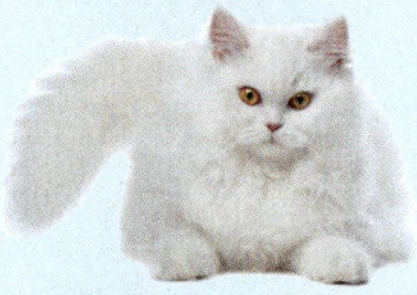

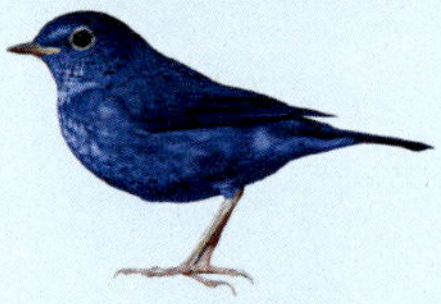

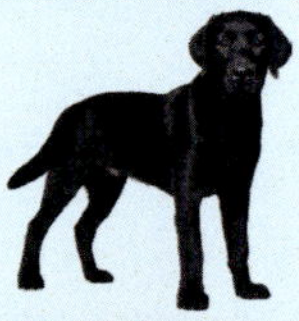

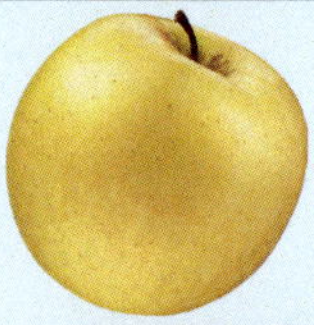

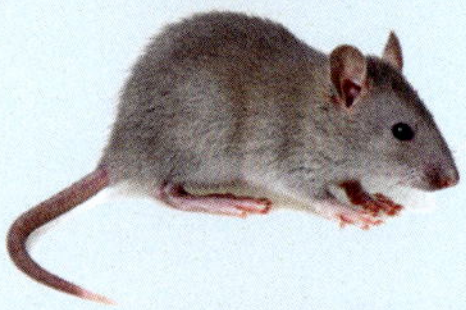

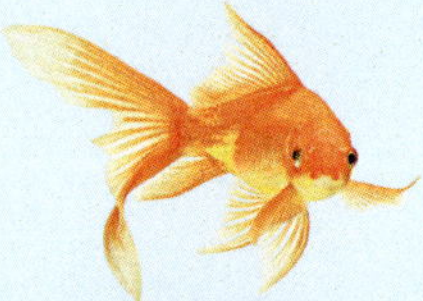

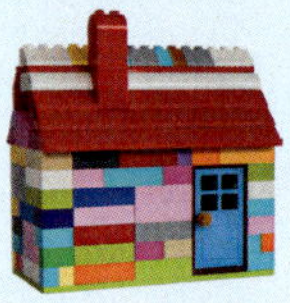

# Die Kleidungsstücke

*Ordne die Kleidungsstücke den Bildern zu. Schreibe und lies!*

> die Socke – der Schuh – die Hose – die Jacke – der Pullover – das T-Shirt – die Mütze – der Schal – der Rock – das Kleid

| | |
|---|---|
| | |
| | |
| | |
| | |
| | |
| | |
| | |
| | |
| | |
| | |

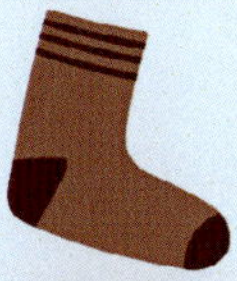

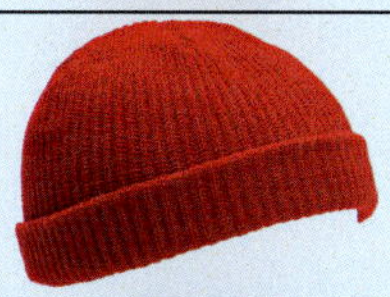

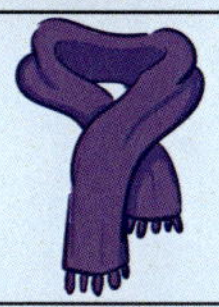

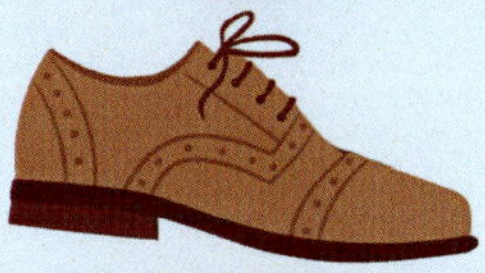

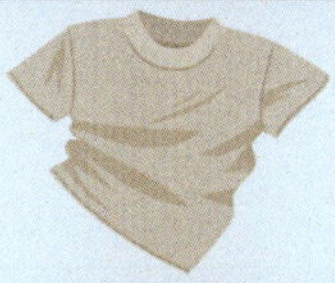

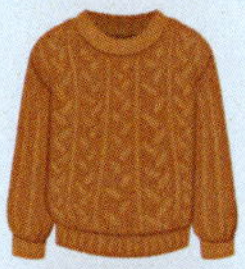

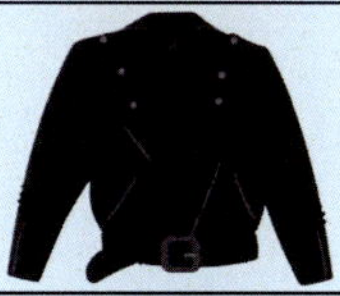

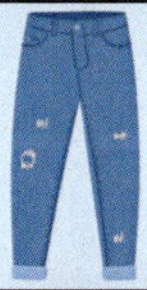

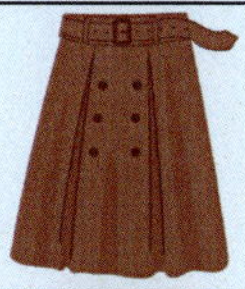

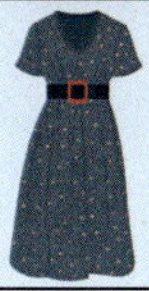

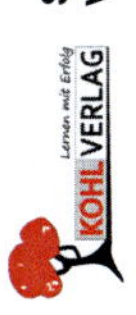


So lerne ich Deutsch ... von Anfang an!
Vielseitige Übungseinheiten zur Stärkung der Alltagskommunikation – Bestell-Nr. 12 909

# Die Kleidungsstücke

*Was hast du heute an? Schreibe Sätze wie in den 3 Beispielen.*

Ich habe heute einen Pullover an. ______________________________

Ich habe heute eine Hose an. ______________________________

Ich habe heute ein T-Shirt an. ______________________________

Aufgabe 1: *Wie heißen diese Wörter in deiner Sprache?*

| Deutsch | Meine Sprache |
|---|---|
| der Pullover | |
| die Mütze | |
| die Jacke | |
| das Hemd | |
| die Bluse | |
| der Rock | |
| die Jeans | |
| der Mantel | |
| der Stiefel | |

| Deutsch | Meine Sprache |
|---|---|
| die Hose | |
| der Strumpf | |
| der Socken | |
| die Strumpfhose | |
| die Handschuhe | |
| die Weste | |
| das Kleid | |
| das T-Shirt | |
| der Schal | |

Aufgabe 2: *Welche Farben haben die Kleidungsstücke?*

Mein Pullover ist ______________.

Meine Strümpfe sind ______________.

Meine Jacke ist ______________.

Meine Freundin hat eine __________ Bluse an.

Mein Freund hat ein __________ Hemd an.

Der Junge hat eine __________ Hose an.

Das Mädchen hat einen __________ Rock an.

Meine Mütze ist ______________.

Der Schal ist ______________.

Das T-Shirt ist ______________.



KOHL VERLAG So lerne ich Deutsch ... von Anfang an! Vielseitige Übungseinheiten zur Stärkung der Alltagskommunikation – Bestell-Nr. 12 909

# Das Wetter

*Wie heißen diese Wörter in deiner Sprache?*

| Deutsch | Meine Sprache |
|---|---|
| der Regen | |
| der Regenbogen | |
| das Eis | |
| der Schnee | |
| die Kälte | |
| der Hagel | |
| der Wind | |
| die Wolke | |
| die Wärme | |
| das Gewitter | |

| Deutsch | Meine Sprache |
|---|---|
| die Hitze | |
| der Blitz | |
| der Donner | |
| der Frost | |
| der Nebel | |
| die Sonne | |
| der Sturm | |
| der Schauer | |
| der Niederschlag | |
| der Orkan | |

Es ist windig.

Es schneit.

Es regnet.

Die Sonne scheint.

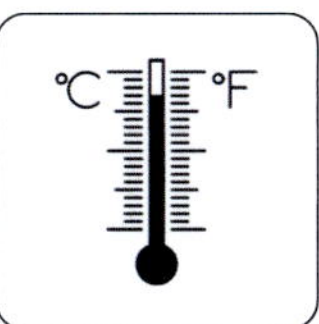


Es ist warm.

Es blitzt und donnert.

Es ist kalt.

Es hagelt.

Es ist neblig.

Das Wetter kann sein: wolkig, bewölkt, sonnig, stürmisch, neblig …

*Wie ist das Wetter heute?* ______________________________

So lerne ich Deutsch ... von Anfang an!
Vielseitige Übungseinheiten zur Stärkung der Alltagskommunikation – Bestell-Nr. 12 909

# Der Körper

<u>Aufgabe 1</u>: *Wie heißen diese Wörter in deiner Sprache?*

| Deutsch | Meine Sprache | Deutsch | Meine Sprache |
|---|---|---|---|
| das Haar | | die Schulter | |
| die Augenbraue | | die Brust | |
| das Ohr | | der Arm | |
| die Stirn | | die Hand | |
| das Auge | | der Finger | |
| die Nase | | der Ellenbogen | |
| der Mund | | der Bauch | |
| die Wange | | das Bein | |
| der Hals | | das Knie | |
| die Zunge | | der Fuß | |
| der Kopf | | der Zeh | |
| der Zahn | | der Knöchel | |
| der Rücken | | die Ferse | |
| das Gesicht | | der Bauchnabel | |

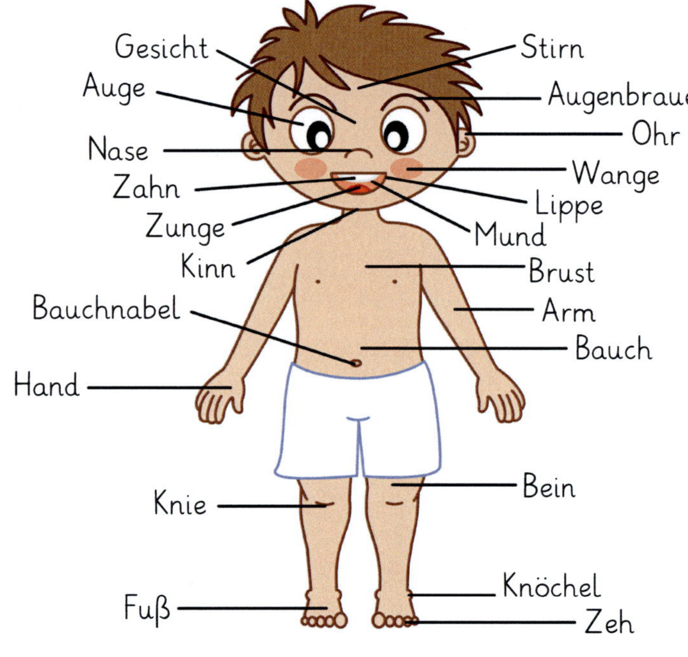


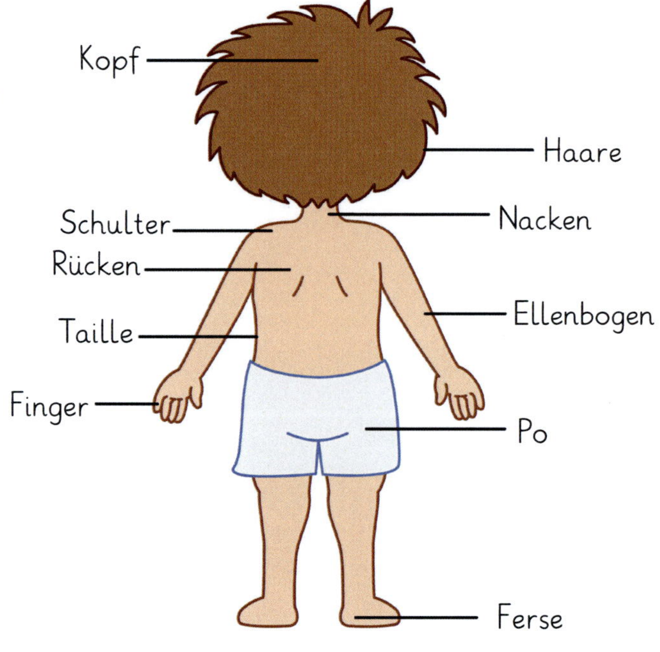


So lerne ich Deutsch ... von Anfang an! Vielseitige Übungseinheiten zur Stärkung der Alltagskommunikation – Bestell-Nr. 12 909
KOHL VERLAG

# Bestimmte Artikel

der Mann

die Frau

das Kind

der Bleistift

die Schere

das Buch

der Esel

die Katze

das Schaf

Namenwörter haben Artikel:

der die das

Lerne die Wörter immer mit den Artikeln!

So lerne ich Deutsch ... von Anfang an!
Vielseitige Übungseinheiten zur Stärkung der Alltagskommunikation – Bestell-Nr. 12 909

# Bestimmte Artikel

*Schreibe die richtigen Artikel vor die Wörter.*

der die das

| Deutsch | Meine Sprache |
|---|---|
| die Schule | |
| das Haus | |
| Auto | |
| Bus | |
| Mädchen | |
| Junge | |
| Lehrer | |
| Lehrerin | |
| Tisch | |
| Fenster | |
| Klasse | |
| Tasche | |
| Baum | |
| Eis | |
| Tür | |
| Vorhang | |
| Gras | |
| Blatt | |
| Kaffee | |
| Zucker | |
| Viereck | |
| Dreieck | |
| Stock | |
| Himmel | |

| Deutsch | Meine Sprache |
|---|---|
| der Stift | |
| Essen | |
| Apfel | |
| Brot | |
| Wasser | |
| Tee | |
| Messer | |
| Gabel | |
| Löffel | |
| Bild | |
| Ball | |
| Pause | |
| Blume | |
| Sonne | |
| Treppe | |
| Vogel | |
| Hase | |
| Mensch | |
| Kantine | |
| Milch | |
| Kreis | |
| Ei | |
| Stern | |
| Wolke | |

So lerne ich Deutsch ... von Anfang an!
Vielseitige Übungseinheiten zur Stärkung der Alltagskommunikation – Bestell-Nr. 12 909
KOHL VERLAG

# Unbestimmte Artikel

ein Mann

eine Frau

ein Kind

ein Bleistift

eine Schere

ein Buch

ein Esel

eine Katze

ein Schaf

Du verwendest ein, eine, ein,

wenn du etwas

Unbestimmtes/irgendetwas meinst.

So lerne ich Deutsch ... von Anfang an!
Vielseitige Übungseinheiten zur Stärkung der Alltagskommunikation – Bestell-Nr. 12 909

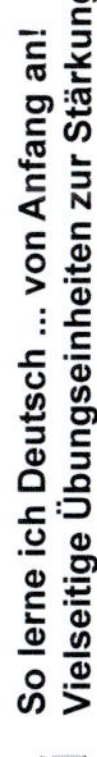

# Unbestimmte Artikel

*Schreibe die Wörter mit unbestimmten Artikeln.*

der → ein

die → eine

das → ein

| Bestimmter Artikel | Unbestimmter Artikel | Meine Sprache |
|---|---|---|
| das Auge | ein Auge | |
| der Ball | | |
| die Cola | | |
| das Dach | | |
| das Eis | | |
| der Fisch | | |
| die Gabel | | |
| die Hand | | |
| die Idee | | |
| der Junge | | |
| das Kabel | | |
| das Loch | | |
| die Maus | | |
| die Nase | | |
| das Ohr | | |
| der Po | | |
| das Quadrat | | |
| der Rock | | |
| das Sofa | | |
| das Tuch | | |
| die Uhr | | |
| der Vogel | | |
| die Waage | | |
| die Yacht | | |
| die Zahl | | |

So lerne ich Deutsch ... von Anfang an!
Vielseitige Übungseinheiten zur Stärkung der Alltagskommunikation – Bestell-Nr. 12 909

# Bestimmte und unbestimmte Artikel

- Nomen haben einen Begleiter.
- Diese Begleiter nennt man auch Artikel.
- Es gibt bestimmte Artikel (der, die, das).
- Der ist Maskulinum. Die ist Femininum. Das ist Neutrum.
- Es gibt unbestimmte Artikel (ein, eine, ein).
- Bestimmte Artikel (der, die, das) verwenden wir, wenn wir von etwas Bestimmtem sprechen.
- Unbestimmte Artikel (ein, eine, ein) verwenden wir, wenn wir von etwas sprechen, was nicht näher bestimmt ist.

*Wie heißen diese Wörter in deiner Sprache?*

| Deutsch | Meine Sprache |
|---|---|
| das Nomen (= Namenwort) | |
| der Begleiter | |
| nennen | |
| haben | |
| der Artikel | |
| bestimmt | |
| näher | |

| Deutsch | Meine Sprache |
|---|---|
| unbestimmt | |
| Es gibt ... | |
| verwenden | |
| sprechen | |
| wenn | |
| etwas | |
| bestimmen | |

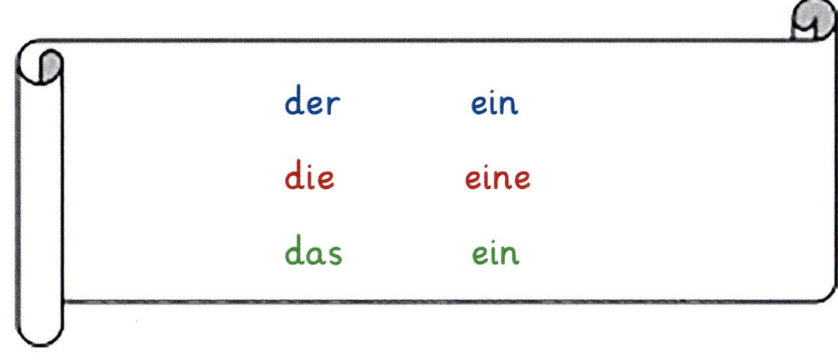


So lerne ich Deutsch ... von Anfang an!
Vielseitige Übungseinheiten zur Stärkung der Alltagskommunikation – Bestell-Nr. 12 909

## Bestimmte Artikel (der, die, das) und unbestimmte Artikel (ein, eine)

Aufgabe 1: *Schreibe die Wörter in die richtigen Spalten.*

Frau – Mann – Kind – Schüler – Lehrer – Polizist – Arzt – Gärtner – Hund – Katze – Pferd – Vogel – Blume – Auto – Schiff – Flugzeug – Maschine – Ball – Feuer – Wasser – Eis – Schnee – Wind – Sonne

| der ..., ein ... | die ..., eine ... | das ..., ein ... |
| --- | --- | --- |
| | | |
| | | |
| | | |
| | | |
| | | |
| | | |
| | | |
| | | |
| | | |
| | | |
| | | |

Aufgabe 2: *Wie heißen diese Wörter in deiner Sprache? Kennst du alle?*

Aufgabe 3: *Ergänze die Sätze mit ein oder eine.*

Das ist ________ Frau. Das ist ________ Mann. Das ist ________ Kind. Das Kind ist ______Schüler. Das ist ______ Lehrer. Das ist ______ Polizist. Das ist ______ Gärtner. Das sind ________ Katze, _____ Hund und ________ Vogel. Das ist ______ Baum. Das ist ______ Blume. Das sind ________ Auto, ________ Schiff und ______ Flugzeug. Das ist ______ Maschine. Das ist ________ Feuer. Das ist ________ Sonne.



So lerne ich Deutsch ... von Anfang an!
Vielseitige Übungseinheiten zur Stärkung der Alltagskommunikation – Bestell-Nr. 12 909

# Verneinung

## Verneinung mit nicht

Das Wort **nicht** verneint ein Verb.
**Nicht** steht (meist) nach dem zu verneinenden Verb.
**Nicht** ist unveränderlich.

**Beispiele:**

Ich komme aus Deutschland. Ich komme nicht aus Deutschland.

Wann kommt der Bus? Der Bus kommt **nicht**.

Kommst du? Nein, ich komme **nicht**.

Liebst du ihn? Ich liebe ihn **nicht**.

Siehst du sie? Ich kann sie **nicht** gut sehen.

## Verneinung mit kein

Nomen verneinen wir mit **kein, keine** oder **keinen**.

**Beispiele:**

Ich habe Bücher. Ich habe keine Bücher.

Hast du **eine** Katze? Nein, ich habe **keine** Katze.

Hast du **ein** Fahrrad? Nein, ich habe **kein** Fahrrad.

Hast du **einen** Kugelschreiber? Nein, ich habe **keinen** Kugelschreiber.

KOHL VERLAG So lerne ich Deutsch ... von Anfang an! Vielseitige Übungseinheiten zur Stärkung der Alltagskommunikation – Bestell-Nr. 12 909

# Verneinung

## Übungen mit nicht und kein/keine

1. Ich komme ________ aus Syrien, ich komme aus ________________.
2. Ich heiße __________ Peter, ich heiße _________________________.
3. Ich bin ______________ 13 Jahre alt, ich bin ___________________.
4. Ich tanze ______________ gerne.
5. Ich kann ________________ schwimmen.
6. Das Buch ist ______________ gut.
7. Das ist _________ Frau (die).
8. Das ist _________ Mann (der).
9. Er ist _______________ der Mathelehrer (der).
10. Das ist ___________ Englisch, das ist Deutsch.
11. Hier darf man ______________ essen.
12. Ich mag __________ Fleisch (das).
13. Ich esse _________ Fisch (der).
14. Ich habe ______________ Geschwister (die).
15. Das sind _______________ richtigen Wörterbücher (die).
16. Ist das ein Wörterbuch? Nein, das ist _______ Wörterbuch (das).
17. Ist das ein Bleistift? Nein, das ist __________ Bleistift(der).
18. Ist das eine Schere? Nein, das ist __________ Schere (die).
19. Ich habe Bücher. Ich habe _______________ Bücher.
20. Ich habe ein Fahrrad. Ich habe __________ Fahrrad.
21. Möchtest du Brot essen? Nein, ich möchte _________ Brot essen.
22. In der Tasche habe ich _________ Wasser.
23. Die Sonne scheint ________________.
24. Es schneit _____________________.
25. Ich bin ___________ beim Arzt.
26. Ich sehe ______________ Sterne.



So lerne ich Deutsch ... von Anfang an!
Vielseitige Übungseinheiten zur Stärkung der Alltagskommunikation – Bestell-Nr. 12 909
KOHL VERLAG

# Personalpronomen er, sie, es

der → er   die → sie   das → es

| | |
|---|---|
| 1. der Mann | Er ist alt. |
| 2. der Fisch | Er schwimmt im Teich. |
| 3. der Stuhl | Er ist zu hoch. |
| 4. der Computer | Er ist neu. |
| 5. der Zug | Er kommt spät. |
| 6. der Baum | Er ist grün. |
| 7. die Frau | Sie ist schön. |
| 8. die Puppe | Sie ist alt. |
| 9. die Blume | Sie ist lila. |
| 10. die Maus | Sie ist grau. |
| 11. die Tafel | Sie ist schmutzig. |
| 12. die Tasche | Sie ist bunt. |
| 13. das Kind | Es spielt Fußball. |
| 14. das Messer | Es ist scharf. |
| 15. das Buch | Es ist interessant. |
| 16. das Bild | Es ist teuer. |
| 17. das Fenster | Es ist offen. |
| 18. das Brot | Es ist lecker. |
| 19. das Haus | Es ist groß. |
| 20. das Heft | Es ist leer. |

der – er

die – sie

das – es



So lerne ich Deutsch ... von Anfang an!
Vielseitige Übungseinheiten zur Stärkung der Alltagskommunikation – Bestell-Nr. 12 909
KOHL VERLAG

# Personalpronomen er, sie, es

## Übungen

Aufgabe 1: *Setze er, sie oder es ein.*

a. Der Baum ist groß. Er ist groß.
b. Das Fenster ist klein. ______
c. Die Blume ist schön. ______
d. Das ist ein Ei. ______
e. Das Mädchen ist klug. ______
f. Der Junge ist intelligent. ______
g. Die Tür ist offen. ______
h. Der Tisch ist rund. ______
i. Die Flasche ist leer. ______
j. Das Wetter ist schön. ______

Aufgabe 2: *Wie heißen die Wörter in deiner Sprache?*

| Deutsch | Meine Sprache |
|---|---|
| der Baum | |
| groß | |
| intelligent | |
| das Ei | |
| klug | |
| das Mädchen | |
| die Tür | |

| Deutsch | Meine Sprache |
|---|---|
| der Tisch | |
| rund | |
| die Flasche | |
| leer | |
| das Wetter | |
| schön | |
| offen | |

KOHL VERLAG So lerne ich Deutsch ... von Anfang an! Vielseitige Übungseinheiten zur Stärkung der Alltagskommunikation – Bestell-Nr. 12 909

# Der Plural

**Tipp:**

Plural heißt **Mehrzahl**.
Der Plural-Artikel ist **die**.
Es gibt **verschiedene** Pluralendungen.
Einige Namenwörter werden nur im Singular oder nur im Plural benutzt.

Beispiele: der Lärm (nur Singular)
die Ferien (nur Plural)
die Eltern (nur Plural)

Einzahl (= Singular)

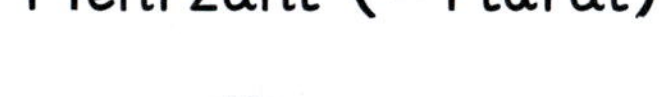

Mehrzahl (= Plural)

der Hund

die Hunde

die Katze

die Katzen

das Buch

die Bücher

So lerne ich Deutsch ... von Anfang an!
Vielseitige Übungseinheiten zur Stärkung der Alltagskommunikation – Bestell-Nr. 12 909

# Der Plural

*Schreibe die Wörter im Plural.*

Pluralendung <u>ohne Veränderung:</u> (Nur der Artikel verändert sich)

| Nomen im Singular | Nomen im Plural | Meine Sprache |
|---|---|---|
| der Schüler | die Schüler | |
| der Computer | | |
| der Fernseher | | |
| der Füller | | |
| das Fenster | | |

Pluralendung: **-e**

| Nomen im Singular | Nomen im Plural | Meine Sprache |
|---|---|---|
| der Tisch | die Tisch<u>e</u> | |
| der Stift | | |
| der Schuh | | |
| das Jahr | | |
| der Bleistift | | |

Pluralendung: **-en**

| Nomen im Singular | Nomen im Plural | Meine Sprache |
|---|---|---|
| die Frau | die Frau<u>en</u> | |
| der Herr | | |
| das Herz | | |
| das Bett | | |
| das Ohr | | |

Pluralendung: **-n**

| Nomen im Singular | Nomen im Plural | Meine Sprache |
|---|---|---|
| die Seite | die Seite<u>n</u> | |
| die Straße | | |
| die Pause | | |
| die Klasse | | |
| die Lampe | | |

So lerne ich Deutsch ... von Anfang an!
Vielseitige Übungseinheiten zur Stärkung der Alltagskommunikation – Bestell-Nr. 12 909
KOHL VERLAG

# Der Plural

Pluralendung: -s

| Nomen im Singular | Nomen im Plural | Meine Sprache |
|---|---|---|
| die E-Mail | die E-Mails | |
| der Laptop | | |
| das Handy | | |
| das Zebra | | |
| der Opa | | |

Pluralendung: -er (Umlaut + er)

| Nomen im Singular | Nomen im Plural | Meine Sprache |
|---|---|---|
| das Huhn | die Hühner | |
| das Blatt | | |
| das Haus | | |
| das Buch | | |
| der Wald | | |

Pluralendung: -e (Umlaut: ä / ö / ü)

| Nomen im Singular | Nomen im Plural | Meine Sprache |
|---|---|---|
| der Arzt | die Ärzte | |
| der Baum | | |
| der Ball | | |
| der Zug | | |
| die Maus | | |

Pluralendung: Nur Umlaut (ä/ö/ü)

| Nomen im Singular | Nomen im Plural | Meine Sprache |
|---|---|---|
| der Apfel | die Äpfel | |
| der Vater | | |
| der Garten | | |
| der Vogel | | |
| der Mantel | | |

So lerne ich Deutsch ... von Anfang an!
Vielseitige Übungseinheiten zur Stärkung der Alltagskommunikation – Bestell-Nr. 12 909
KOHL VERLAG

# Verben gehen, lernen

*Wie heißen die Wörter <u>gehen</u> und <u>lernen</u> in deiner Sprache?*

gehen: ______________________________________________

lernen: ______________________________________________

*Lies und lerne die Sätze!*

<u>Ich</u> geh**e** in die Schule.

<u>Veronika</u> geh**t** in die Schule.

Ja, <u>sie</u> geh**t** in die Schule.

<u>Du</u> und <u>ich</u> geh**en** in die Schule.

Ja, <u>wir</u> geh**en** in die Schule.

<u>Oskar</u> geh**t** in die Schule.

Ja, <u>er</u> geh**t** in die Schule.

<u>Veronika</u> und <u>Oskar</u> geh**en** in die Schule.

<u>Sie</u> geh**en** in die Schule.

<u>Ihr</u> geh**t** in die Schule.

<u>Das</u> <u>Kind</u> ist klein.

<u>Es</u> geh**t** nicht in die Schule.

| | |
|---|---|
| ich geh**e** | wir geh**en** |
| du geh**st** | ihr geh**t** |
| er / sie / es } geh**t** | sie geh**en** |

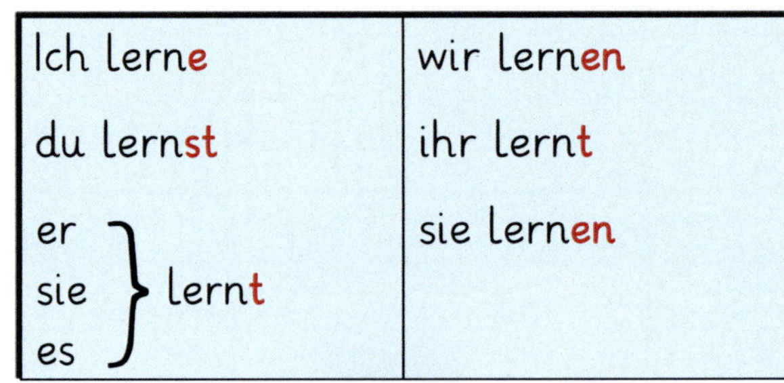

| | |
|---|---|
| Ich lern**e** | wir lern**en** |
| du lern**st** | ihr lern**t** |
| er / sie / es } lern**t** | sie lern**en** |

KOHL VERLAG So lerne ich Deutsch ... von Anfang an! Vielseitige Übungseinheiten zur Stärkung der Alltagskommunikation – Bestell-Nr. 12 909

# Personalpronomen ich, du, er, sie, es, wir, ihr, sie

*Lerne die Personalpronomen. Wie heißen sie in deiner Sprache?*

| Singular | Plural |
| --- | --- |
|  ich |  wir |
|  du |  ihr |
|  er |  sie |
|  sie | |
|  es | |

Hinweis:
Erwachsene und fremde Personen spricht man mit großem Sie an.



So lerne ich Deutsch ... von Anfang an! Vielseitige Übungseinheiten zur Stärkung der Alltagskommunikation – Bestell-Nr. 12 909
KOHL VERLAG

# Verben im Präsens

- Verben gibt es in der Grundform (= Infinitiv).
- Der Infinitiv endet fast immer mit -en.
- Verben ändern sich, je nachdem wer etwas tut.
- Verben sagen uns oft, was jemand tut.
- Verben haben Zeitformen.
- Präsens (= jetzt) z. B. ist eine Zeitform.
- Verben schreibt man klein.

Aufgabe 1: *Setze die Verben in der richtigen Form ein.*

Ich ____________________ Fußball. (spielen)

Meine Freundin ______________ gerne Wasser. (trinken)

Aufgabe 2: *Konjugiere die Verben.*

| | spielen | lachen | leben | trinken |
|---|---|---|---|---|
| ich **-e** | | | | |
| du **-st** | | | | |
| er, sie, es **-t** | | | | |
| wir **-en** | | | | |
| ihr **-t** | | | | |
| sie **-en** | | | | |

Aufgabe 3: *Schreibe diese Verben in deiner Sprache.*

spielen: ____________________

lachen: ____________________

leben: ____________________

trinken: ____________________

konjugieren: ____________________

So lerne ich Deutsch ... von Anfang an!
Vielseitige Übungseinheiten zur Stärkung der Alltagskommunikation – Bestell-Nr. 12 909
KOHL VERLAG

# Das Verb sein

| | |
|---|---|
| ich **bin** | Ich bin glücklich. |
| du **bist** | Du bist schön. |
| er } **ist** | Er ist jung. |
| sie } **ist** | Sie ist allein. |
| es } **ist** | Es ist traurig. |
| wir **sind** | Wir sind schnell. |
| ihr **seid** | Ihr seid fleißig. |
| sie **sind** | Sie sind intelligent. (Plural/Mehrzahl) |

***Jetzt du! Ergänze die Lücken wie in den oberen Beispielen.***

Er ______ ein Junge.

Ich ______ 14 Jahre alt.

Wir ______ in der Klasse.

Sie ______ fertig.

Ich ______ ______ Jahre alt.

Ihr ______ Freunde.

Du ______ ein Mann.

Sie ______ meine Freundin.

Sie (Pl.) ______ zu Hause.

Sie ______ ein Mädchen.

Du ______ nett.

Ihr ______ müde.

Es ______ ein Kind.

Wir ______ in Hamburg.

Ich ______ eine Frau.

Deine Stifte ______ neu.

Er ______ mein Freund.

Wir ______ in der Schule.

Kennst du alle Wörter? Sonst bitte nachschlagen und aufschreiben!

# Das Verb haben

ich **habe**

du **hast**

er, sie, es } **hat**

wir **haben**

ihr **habt**

sie **haben**

| der | die | das |
|---|---|---|
| den | die | das |
| einen | eine | ein |
| keinen | keine | kein |

Ich habe **den** Ball. Ich habe **die** Tasche. Ich habe **das** Buch.

Ich habe **einen** Ball. Ich habe **eine** Tasche. Ich habe **ein** Buch.

Ich habe **keinen** Ball. Ich habe **keine** Tasche. Ich habe **kein** Buch.

***Jetzt du! Ergänze die Lücken wie in den Beispielen.***

Du ________ ________ Puppe.

Wir ________ ________ Lehrerin.

Sie ________ ________ Haus.

Du ________ ________ Schwester

Er ________ ________ Handy.

Der Junge ________ ________ Fahrrad.

Er ________ ________ Katze.

Ihr ________ ________ Lehrer.

Ich ________ ________ Auto.

Sie ________ ________ Bruder.

Das Mädchen ________ ________ Puppe.

Ich ________ ________ Roller.

Meine Schwester und ich ____________ ____________ Hund.

So lerne ich Deutsch ... von Anfang an!
Vielseitige Übungseinheiten zur Stärkung der Alltagskommunikation – Bestell-Nr. 12 909
KOHL VERLAG

# Sein oder haben?

*Ergänze die Lücken mit <u>sein</u> oder <u>haben</u>.*

1. Ich __________ alt.
2. Er __________ jung.
3. Du __________ keine Zeit.
4. Ich __________ eine Frage.
5. Wir __________ viele Hausaufgaben.
6. Der Apfel __________ rund und rot.
7. Die Wassermelone __________ groß, rot und grün.
8. Das __________ ein kleines Kind.
9. Sie __________ eine Schülerin.
10. Heute __________ Freitag.
11. Ich __________ einen Bruder.
12. Er __________ krank.
13. Ich __________ Bauchschmerzen.
14. Du __________ meine Freundin.
15. Du und ich __________ Freunde.
16. Ich __________ im Januar Geburtstag.
17. Ich __________ Hunger.
18. Ich __________ hungrig.
19. Ich __________ Durst.
20. Ich __________ durstig.

KOHL VERLAG Lernen mit Erfolg
So lerne ich Deutsch ... von Anfang an! Vielseitige Übungseinheiten zur Stärkung der Alltagskommunikation – Bestell-Nr. 12 909

# Fragearten, Fragewörter

## Fragearten

**Nach Personen fragen**

| | |
|---|---|
| <u>Wer</u> ⟹ | fragt nach Personen und Tieren. |
| Wer ist das? | Das ist Sara. |
| Wer ist das? | Das ist Sebastian. |

**Nach Sachen fragen**

| | | |
|---|---|---|
| <u>Was</u> ⟹ | fragt nach Dingen (= Sachen). | |
| **Was ist das?** | Das ist ein Tisch. | (der Tisch) |
| | Das ist eine Tasche. | (die Tasche) |
| | Das ist ein Handy. | (das Handy) |

<u>Aufgabe 1</u>: *Stelle die richtigen Fragen. <u>Wer</u> ist das? <u>Was</u> ist das?*

1. Das ist eine Zitrone. ______________________
2. Das ist der Vater. ______________________
3. Das ist Eis. ______________________
4. Das ist ein Fisch. ______________________
5. Das ist die Lehrerin. ______________________
6. Das ist der Ball. ______________________
7. Das ist ein Auto. ______________________
8. Das ist ein Arzt. ______________________
9. Das ist ein Bus. ______________________
10. Das ist eine Katze. ______________________

So lerne ich Deutsch ... von Anfang an!
Vielseitige Übungseinheiten zur Stärkung der Alltagskommunikation – Bestell-Nr. 12 909

## Fragewörter (W-Fragen)

Aufgabe 2: *Lerne die Fragewörter und schreibe sie in deiner Sprache auf.*

| Das Fragewort | Fragt ... | Meine Sprache |
|---|---|---|
| Wer | fragt nach einer **Person**.<br>**Wer** lernt Deutsch? | |
| Was | fragt nach einem **Ding**.<br>**Was** ist das? | |
| Wie | fragt nach der **Eigenschaft**.<br>**Wie** ist die Lehrerin? | |
| Wo | fragt nach dem **Ort**.<br>**Wo** lebst du? (Position) | |
| Wohin | fragt nach dem **Ort**.<br>**wohin** gehst du? (Richtung) | |
| Woher | fragt nach der **Herkunft**.<br>**Woher** kommt er? | |
| Wann | fragt nach einem **Zeitpunkt**.<br>**Wann** gehst du? | |
| Wie viele | fragt nach der **Anzahl**.<br>**Wie viele** seid ihr in der Klasse? | |
| Warum | fragt nach dem **Grund**.<br>**Warum** lernst du Deutsch? | |
| Wessen | fragt nach dem **Besitz**.<br>**Wessen** Stift ist das? | |
| Wie lange | fragt nach der **Dauer**.<br>**Wie lange** bist du hier? | |
| Welche (r, s) | fragt nach der **Auswahl**.<br>**Welche** Jacke kaufst du? | |
| Wozu | fragt nach der **Absicht**.<br>**Wozu** hast du Lust? | |
| Wieso | fragt nach der **Ursache**.<br>**Wieso** kommst du zu spät? | |
| Weshalb | fragt nach dem **Grund**.<br>**Weshalb** schreibst du nicht? | |

So lerne ich Deutsch ... von Anfang an!
Vielseitige Übungseinheiten zur Stärkung der Alltagskommunikation – Bestell-Nr. 12 909
KOHL VERLAG

# Teste dich – was kannst du?

**Aufgabe 1:** *Setze Wörter in die Lücken ein.*

Hallo. Ich ____________ Peter. Ich ____________ 16 Jahre alt. Und du?

Hallo. Ich ________________ Petra. Ich bin 15 _____________ alt.

Welche _______________ sprichst du?

Ich ________________ Arabisch und Englisch. Und du?

Ich lerne Deutsch. _______________ kommst du?

Ich ____________________ aus Italien.

Ich __________ aus Deutschland. Welche Sprache spreche ich? _____________

**Aufgabe 2:** *Ordne folgende Namenwörter nach dem Abc.*

Klasse – Buch – Lehrerin – Heft – Sport – Deutsch – Mathematik – Freitag – Wochenende – Zeit – Arbeit – Vogel

_________________ _________________ _________________

_________________ _________________ _________________

_________________ _________________ _________________

_________________ _________________ _________________

**Aufgabe 3:** *Verneine diese Sätze.*

Ich habe Stifte. ______________________________________________

Wann kommt die U-Bahn? ____________________________________

**Aufgabe 4:** *Welche Schulfächer hast du? Schreibe sie auf.*

____________________________________________________________

____________________________________________________________

KOHL VERLAG
So lerne ich Deutsch ... von Anfang an!
Vielseitige Übungseinheiten zur Stärkung der Alltagskommunikation – Bestell-Nr. 12 909

# Teste dich – was kannst du?

**Aufgabe 5:** *Trage die richtigen Wochentage ein.*

Heute ist ______________________. Morgen ist ____________________.

Übermorgen ist ______________. Am W______________ ist keine Schule.

**Aufgabe 6:** *Fülle die Lücken.*

Ein Jahr hat __________ Monate. Eine Woche hat ____________ Tage.

Eine Stunde hat _________ Minuten. Es gibt ________ Jahreszeiten.

**Aufgabe 7:** *In welchem Monat hast du Geburtstag?*

________________________________________________________

**Aufgabe 8:** *Schreibe dein Geburtsdatum auf.* ________________________

**Aufgabe 9:** *Schreibe passende Grußformeln auf.*

06:00 – 12:00 Uhr morgens: __________________________________

12:00 – 17:00 Uhr nachmittags: _______________________________

17:00 – 22:00 Uhr abends: ___________________________________

22:00 – 06:00 Uhr nachts: ___________________________________

**Aufgabe 10:** *Schreibe und zeichne die richtigen Uhrzeiten.*

Wann frühstückst du? Um ________ Uhr frühstücke ich.

Ich gehe um ___________ Uhr in die Schule.

Ich schlafe um __________ Uhr.

So lerne ich Deutsch ... von Anfang an!
Vielseitige Übungseinheiten zur Stärkung der Alltagskommunikation – Bestell-Nr. 12 909
KOHL VERLAG

# Teste dich – was kannst du?

**Aufgabe 11:** *Ergänze die Reihen.*

| drei | vier | | | |
|---|---|---|---|---|
| fünf | zehn | | | |
| dreißig | vierzig | | | |
| rot | gelb | | | |
| Hose | Rock | | | |

**Aufgabe 12:** *Wie ist das Wetter?*

Heute ______________________________.

Morgen kann es ______________________________ sein.

**Aufgabe 13:** *Ergänze zu ganzen Sätzen.*

Meine Haare ______________________________.

Meine Augen ______________________________.

Meine Zunge ______________________________.

**Aufgabe 14:** *Was ist das? Schreibe den Gegenstand auf.*

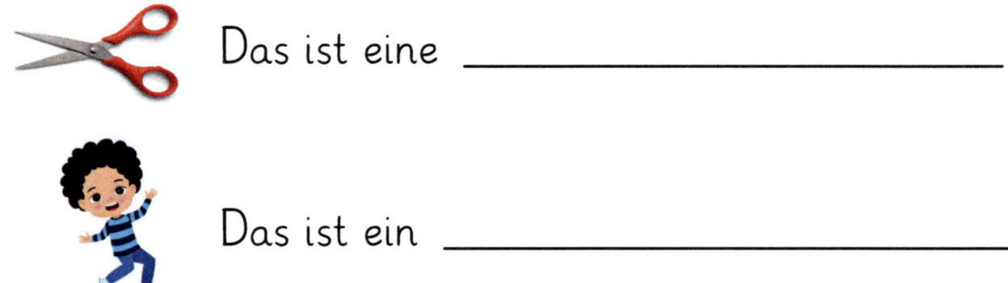

Das ist eine ____________________

Das ist ein ____________________

KOHL VERLAG So lerne ich Deutsch ... von Anfang an! Vielseitige Übungseinheiten zur Stärkung der Alltagskommunikation – Bestell-Nr. 12 909

# Teste dich – was kannst du?

**Aufgabe 15:** *Schreibe diese Wörter mit dem bestimmten Artikel auf.*

________________________________

________________________________

________________________________

________________________________

**Aufgabe 16:** *Konjugiere die Verben sein und haben.*

| ich | du | er / sie / es | wir | ihr | sie |
|---|---|---|---|---|---|
| | | | | | |
| | | | | | |

**Aufgabe 17:** *Lies die Sätze und schreibe passende Fragen dazu.*

Ich heiße Sara. ____________________________?

Ich bin zwölf Jahre alt. ____________________________?

Ich komme aus Deutschland. ____________________________?

Die Schule ist in Hamburg. ____________________________?

**Aufgabe 18:** *Schreibe diese Wörter im Plural auf.*

der Stift ________________ das Buch ________________

die Schule ________________ der Computer ________________

**Aufgabe 19:** *Konjugiere die Verben kommen und lernen.*

| | ich | du | er / sie / es | wir | ihr | sie |
|---|---|---|---|---|---|---|
| kommen | | | | | | |
| lernen | | | | | | |

Erreichte Punkte: __________ Note: __________

So lerne ich Deutsch ... von Anfang an! Vielseitige Übungseinheiten zur Stärkung der Alltagskommunikation – Bestell-Nr. 12 909
KOHL VERLAG

# Lösungen

**Seiten 7-9**: Individuelle Lösungen

**Seite 10**: Ich bin ... / Ich heiße ... / Mein Name ist ...

**Seite 11**: Hussam sagt: Ich komme <u>aus Syrien.</u>

**Seite 12**: Ines (Sie) aus Portugal. Denis (Er) aus Mazedonien. Sergiu (Er) aus Griechenland. Jekaterina (Sie) aus Litauen. Emilio (Er) aus Spanien. Süha (Er) aus der Türkei. Braima (Er) aus Portugal. Erfan (Er) aus dem Iran. Irina (Sie) aus der Ukraine. Hussam (Er) aus Syrien. Theofania (Sie) aus Griechenland. Redjon (Er) aus Albanien.

**Seite 13:** Individuelle Lösungen

**Seite 15**: <u>Aufgabe 1:</u>
- **a)** Viktoria kommt aus Polen.
- **b)** Viktoria ist seit 2 Monaten in Deutschland.
- **c)** Ihre Muttersprache ist .../Sie spricht Polnisch.

<u>Aufgabe 2</u>: Individuelle Lösungen

**Seite 16**: <u>Aufgabe 3</u>: Das ist ... / Sie ist ... / Sie kommt ... / Sie lebt ... / Sie hat ... / Viktor ist... / Er geht... / Valeska ist... / Sie geht... / Sie lernen ...

<u>Aufgabe 4</u>: Individuelle Lösungen

**Seite 17**: <u>Aufgabe 1</u>: 1. Portugiesisch 2. Mazedonisch 3. Spanisch 4. Farsi 5. Arabisch 6. Ukrainisch 7. Russisch 8. Portugiesisch 9. Albanisch 10. Griechisch 11. Türkisch 12. Griechisch

**Seite 18**: <u>Aufgaben 2+3</u>: Individuelle Lösungen

**Seite 19**: <u>Aufgabe 1</u>: Individuelle Lösungen.

<u>Aufgabe 2</u>: Indivdiuelle Lösungen. Vorschlag: Wie die Schüler heißen, welche Sprachen sie sprechen, wie alt sie sind usw.

**Seite 20**: 1. Deutsch 2. Russisch 3. Frankreich 4. Spanisch 5. Italienisch 6. Englisch 7. Griechenland 8. Portugiesisch 9. Franzose/Französin 10. (Sie kommt) aus Polen

**Seite 21**: 11. aus der Schweiz 12. aus Belgien

**Seiten 22-28:** Individuelle Lösungen

**Seite 29**: die Schule – das Klassenzimmer – das Fenster –die Tafel – der Schrank – der Stuhl – die Tür – das Regal – das Licht – der Computer – das Pult

**Seite 30**: der Rucksack – der Klebestift – das Lineal –das Federmäppchen – der Anspitzer –das Wörterbuch – das Heft – der Tacker – der Locher – die Mappe – der Ordner

**Seiten 31+32**: Individuelle Lösungen

**Seite 33**: 2. ... gehe ich in die Schule. 3. ... gehe ich nach Hause. 4. ... spiele ich Fußball. 5. ... mache ich Hausaufgaben. 6. ... schlafe ich.

**Seite 34:** Individuelle Lösungen

**Seite 35**: <u>Aufgabe 3</u>: Der Februar hat 28 Tage. Der März hat 31 Tage. Der April hat 30 Tage. Der Mai hat 31 Tage. Der Juni hat 30 Tage. Der Juli hat 31 Tage. Der August hat 31 Tage. Der September hat 30 Tage. Der Oktober hat 31 Tage. Der November hat 30 Tage. Der Dezember hat 31 Tage.

**Seite 36**: <u>Aufgabe 2</u>: a. Frühling b. Sommer c. Herbst d. Winter

<u>Aufgabe 3</u>: im Sommer

<u>Aufgabe 4</u>: im Winter

**Seite 37**: <u>Aufgabe 5</u>: Der Frühling: März, April, Mai Der Sommer: Juni, Juli, August Der Herbst: September, Oktober, November Der Winter: Dezember, Januar, Februar

<u>Aufgabe 6</u>: Vorschläge: 1) ... im Herbst ... 2 ) ...i m Sommer ... 3) ... im Winter ... 4) ... im Frühling ...

**Seite 39:** <u>Aufgabe 1:</u> 20, 30, 11, 41, 27, 45, 73, 81, 75, 80, 60, 18, 29, 44, 99, 87, 100

<u>Aufgabe 2:</u> fünf, achtundzwanzig, dreiunddreißig, achtunddreißig, fünfundvierzig, dreiundfünfzig, sechzig, siebzig, dreißig, sechsundsiebzig, achtundsiebzig, achtzig, achtundachtzig, neunzig, einundneunzig, siebenunddreißig, fünfundfünfzig, sechzen, achtzehn

<u>Aufgabe 3:</u> fünfunddreißig, zweiunddreißig, vierzig, neunundneunzig

**Seite 41:** Individuelle Lösungen



KOHL VERLAG So lerne ich Deutsch ... von Anfang an! Vielseitige Übungseinheiten zur Stärkung der Alltagskommunikation – Bestell-Nr. 12 909

# Lösungen

**Seite 42**: 1.) zwölf 2) Januar, Februar, .... 3) 31/30 4) Februar 5) Vier 6) Frühling, Sommer, Herbst, Winter 7) Im Sommer ist das Wetter warm. 8) Es schneit im Winter. 9) Die Blätter werden im Herbst bunt. 10) Im Frühling wird alles grün. 11) Sieben 12) Montag, Dienstag, ... 13) fünf 14) Wochenende 15) Samstag (Sonnabend) und Sonntag

**Seite 44**: 04:00 Uhr – 04:10 Uhr – 04:15 Uhr – 06:20 Uhr – 04:30 Uhr – 04:25 Uhr – 06:40 Uhr – 09:45 Uhr – 10:50 Uhr – 02:55 Uhr – 07 Uhr – 19 Uhr – 00:00 Uhr (= 24 Uhr)

**Seite 45**: 1) gelb 2) blau 3) grün 4) rot 5) schwarz 6) bunte Farbe 7) rosa 8) weiß 9) grau 10) violett 11) lila 12) braun 13) orange

**Seite 46**: Der Basketball ist orange. Der Apfel ist grün. Die Katze ist weiß. Der Vogel ist blau. Der Hund ist schwarz. Der Apfel ist gelb. Die Maus ist grau. Der Fisch ist orange. Das Haus ist bunt.

**Seite 47**: die Socke – die Mütze – der Schal – der Schuh – das T-Shirt – der Pullover – die Jacke – die Hose – der Rock – das Kleid

**Seiten 48-50**: Individuelle Lösungen

**Seite 52**: Individuelle Lösungen

**Seiten 54+55**: Individuelle Lösungen

**Seite 56**: Aufgabe 1: der/ein: Mann – Schüler – Lehrer – Polizist – Arzt – Gärtner – Hund – Vogel – Ball – Schnee – Wind
die/eine: Frau – Katze – Blume – Maschine – Sonne
das/ein : Kind – Pferd – Auto – Schiff – Flugzeug – Feuer – Wasser – Eis

Aufgabe 2: Individuelle Lösungen

Aufgabe 3: eine Frau – ein Mann – ein Kind – ein Schüler – ein Lehrer – ein Polizist – ein Gärtner – eine Katze – ein Hund – ein Vogel – ein Baum – eine Blume – ein Auto – ein Schiff – ein Flugzeug – eine Maschine – ein Feuer – eine Sonne

**Seite 58**: 1, 2, 3, 4, 5, 6) nicht 7) keine 8) kein 9) nicht 10) kein 11) nicht 12, 13) kein 14, 15) keine 16, 17) kein 18, 19) keine 20, 21, 22) kein 23, 24, 25) nicht 26) keine

**Seite 60**: Aufgabe 1: b. Es c. Sie d. Es e. Es f. Er g. Sie h. Er i. Sie j. Es

Aufgabe 2: Individuelle Lösungen

**Seiten 62+63**: Pluralendung ohne Veränderung: die Computer – die Fernseher – die Füller – die Fenster
Pluralendung -e: die Stifte – die Schuhe – die Jahre – die Bleistifte
Pluralendung -en: die Herren – die Herzen – die Betten – die Ohren
Pluralendung -n: die Straßen – die Pausen – die Klassen – die Lampen
Pluralendung -s: die Laptops – die Handys – die Zebras – die Opas
Pluralendung -er (mit Umlaut): die Blätter – die Häuser – die Bücher – die Wälder
Pluralendung -e (mit Umlaut): die Bäume – die Bälle – die Züge – die Mäuse
Pluralendung (nur Umlaut): die Väter – die Gärten – die Vögel – die Mäntel

**Seiten 64+65**: Individuelle Lösungen

**Seite 66**: Aufgabe 1: spiele, trinkt

Aufgabe 2:

| | **spiel<u>en</u>** | **lach<u>en</u>** | **leb<u>en</u>** | **trink<u>en</u>** |
|---|---|---|---|---|
| ich **-e** | spiele | lache | lebe | trinke |
| du **-st** | spielst | lachst | lebst | trinkst |
| er, sie, es **-t** | spielt | lacht | lebt | trinkt |
| wir **-en** | spielen | lachen | leben | trinken |
| ihr **-t** | spielt | lacht | lebt | trinkt |
| sie **-en** | spielen | lachen | leben | trinken |

Aufgabe 3: Individuelle Lösungen

**Seite 67**: Er ist ... – Sie ist ... – Ich bin ... – Du bist ... – Wir sind ... – Ihr seid ... – Sie ist ... – Es ist ... – Ich bin ... – Wir sind ... – Ihr seid ... – Ich bin ... – Du bist ... – Deine Stifte sind ... – Sie ist ... – Er ist ... – Sie (Pl.) sind ... – Wir sind ...

**Seite 68**: Du hast eine Puppe. – Er hat eine Katze. – Wir haben eine Lehrerin. – Ihr habt einen Lehrer. – Sie hat ein Haus. – Ich habe ein Auto. – Du hast eine Schwester. – Sie hat einen Bruder. – Er hat ein Handy. – Das Mädchen hat eine Puppe. – Der Junge hat ein Fahrrad. – Ich habe einen Roller. – Meine Schwester und ich haben einen Hund.



So lerne ich Deutsch ... von Anfang an! Vielseitige Übungseinheiten zur Stärkung der Alltagskommunikation – Bestell-Nr. 12 909

# Lösungen

**Seite 69**: 1. bin – 2. ist – 3. hast – 4. habe – 5. haben – 6,7,8,9,10. ist – 11.habe – 12. ist – 13. habe – 14. bist – 15. sind – 16. habe – 17. habe – 18. bin – 19. habe – 20. bin

**Seite 70**: Aufgabe 1: 1., 3., 4., 6., 7., 9., 10. = Was ist das? – 2., 5., 8. = Wer ist das?

Aufgabe 2: Individuelle Lösungen

**Seite 72**: Aufgabe 1: Hallo. Ich bin/heiße Peter. Ich bin 16 Jahre alt. Und du?
Hallo. Ich bin/heiße Petra. Ich bin 15 bin alt.
Welche Sprache/en sprichst du?
Ich spreche Arabisch und Englisch. Und du?
Ich lerne Deutsch. Woher kommst du?
Ich komme aus Italien.
Ich komme aus Deutschland. Welche Sprache spreche ich? Deutsch.

Aufgabe 2: Arbeit – Buch – Deutsch – Freitag – Heft – Klasse – Lehrerin – Mathematik – Sport – Vogel – Wochenende – Zeit

Aufgabe 3: Ich habe Stifte – Ich habe keine Stifte.
Wann kommt die U-Bahn? – Die U-Bahn kommt nicht.

Aufgabe 4: Individuelle Lösungen, z. B.: Mathe, Deutsch, Englisch, Gesellschaft usw.

**Seite 73**: Aufgabe 5: Individuelle Lösungen

Aufgabe 6: Ein Jahr hat 12 Monate. Eine Woche hat 7 Tage. Eine Stunde hat 60 Minuten.
Es gibt 4 Jahreszeiten.

Aufgaben 7+8: Individuelle Lösungen

Aufgabe 9: 06:00 - 12:00 Uhr morgens: Guten Morgen. 12:00 - 17:00 Uhr nachmittags: Guten Tag.
17:00 - 22:00 Uhr abends: Guten Abend. 22:00 – 06:00 Uhr nachts: Gute Nacht.

Aufgabe 10: Individuelle Lösungen

**Seite 74**: Aufgabe 11:

| drei | vier | fünf | sechs | sieben |
|---|---|---|---|---|
| fünf | zehn | zwanzig | vierzig | achtzig |
| dreißig | vierzig | fünfzig | sechzig | siebzig |
| rot | gelb | (grün) | (blau) | (braun) |
| Hose | Rock | (Kleid) | (Jacke) | (Mantel) |

Aufgabe 12: Individuelle Lösungen

Aufgabe 13: Individuelle Lösungen, wie z. B.: Meine Haare sind schwarz. Meine Augen sind braun.
Meine Zunge ist rot.

Aufgabe 14: Das ist eine Schere. – Das ist ein Kind.

**Seite 75**: Aufgabe 15: das Buch – das Herz – die Mutter – der Baum

Aufgabe 16:

| ich | du | er/sie/es | wir | ihr | sie |
|---|---|---|---|---|---|
| bin | bist | ist | sind | seid | sind |
| habe | hast | hat | haben | habt | haben |

Aufgabe 17:

| | |
|---|---|
| Ich heiße Sara. | Wie heißt du? |
| Ich bin zwölf Jahre alt. | Wie alt bist? |
| Ich komme aus Deutschland. | Woher kommst du? |
| Die Schule ist in Hamburg. | Wo ist die Schule? |

Aufgabe 18:

| | |
|---|---|
| der Stift – die Stifte | das Buch – die Bücher |
| die Schule – die Schulen | der Computer – die Computer |

Aufgabe 19:

| | ich | du | er/sie/es | wir | ihr | sie |
|---|---|---|---|---|---|---|
| **kommen** | komme | kommst | kommt | kommen | kommt | kommen |
| **lernen** | lerne | lernst | lernt | lernen | lernt | lernen |

Rena Thormann

## Deutsch als Zweitsprache
### ... in Vorbereitungsklassen

*Ein motivierender Einstieg in die Lehrsituation von Vorbereitungsklassen. Die Themen sind am Alltagsleben orientiert, an der Didaktik eines zeitgemäßen Unterrichtes ausgerichtet und berücksichtigen die heterogene Klassenzusammensetzung.*

*Band 1: Schnellkurs zur Erarbeitung des Grundwortschatzes. Die mündlichen und schriftlichen Übungen zum Wortschatztraining, die Bildkarten und zahlreiche spielerische Elemente sind vielseitig einsetzbar.*

*Bände 2-6: Intensives Grundwortschatztraining zu Themen wie Sich vorstellen, Schule, Farben, Familie, Wohnung, Wohnungsplan und Speisen & Getränke. Inhalte und Methodik ermöglichen und unterstützen individuelles und differenzierendes Lernen.*

FÖ | PDF plus | Alle Stufen

| Seiten | Band | Titel | Best.-Nr. | Preis |
|---|---|---|---|---|
| 88 S. | 1 | Schnellkurs Grundwortschatz | 11 421 | ab 15,99 € |
| 96 S. | 2 | Wortschatztraining / Teil 1 | 11 422 | ab 15,99 € |
| 116 S. | 3 | Wortschatzerweiterung / Teil 2 | 11 562 | ab 17,49 € |
| 120 S. | 4 | Wortschatzerweiterung / Teil 3 | 11 589 | ab 18,49 € |
| 124 S. | 5 | Wortschatzerweiterung / Teil 4 | 11 652 | ab 18,49 € |
| 112 S. | 6 | Wortschatzerweiterung / Teil 5 | 11 837 | ab 22,49 € |

Autorenteam Kohl-Verlag

## DaZ – GRUNDWORTSCHATZ
### Wörterkartei zum selbstständigen Lernen

DIE optimale Ergänzung!

*Sinnvolles Übungsmaterial zum Aufbau des Grundwortschatzes. Die wichtigsten Wörter der deutschen Sprache zum Selbstlernen in drei Niveaustufen! Die Selbstkontrolle findet durch einfaches Drehen und vergleichendes Aneinanderlegen der Karten statt.* ***Je 192 Wörter auf 24 Karteikarten!***

| Seiten | Nr. | Titel | Best.-Nr. | Preis |
|---|---|---|---|---|
| | 1 | Mensch, Outfit, Wohnung | 12 421 | |
| | 2 | Hobby, Tiere, Schule/Büro, Uhr | 12 422 | |
| | 3 | Beruf, Werkzeuge, Reisen | 12 423 | |
| | 4 | Familie, Essen, Gastronomie | 12 424 | FARBIG |
| 48 S. | 5 | Kalender, Jahreszeiten, Feiern | 12 425 | ab 15,99 € |

FÖ | Alle Stufen

Horst Hartmann

## Deutsch-Tests für Zuwanderer A-/B-Niveau

*Der Deutschtest für Zuwanderer (DTZ) stellt für die Lehrer in Deutschkursen eine Herausforderung dar, die inhomogene Zielgruppe erfolgreich auf den Test vorbereiten sollen. Die beiden vorliegenden Bände entsprechen in Aufteilung und Struktur dem DTZ, Aufgaben und Aufgabenstellungen mit Lösungsvorschlägen sind an die Sprachniveaus A und B angepasst.*

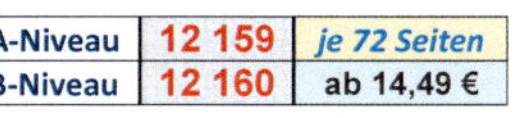

| Niveau | Best.-Nr. | |
|---|---|---|
| A-Niveau | 12 159 | je 72 Seiten |
| B-Niveau | 12 160 | ab 14,49 € |

FÖ | INK

Alle Stufen

M. Al-Nashawatie & G. Rosenwald

## Arabisches Schulbuch Arabisch & Deutsch lernen

*Viele Kinder aus arabischen Ländern müssen nicht nur die Sprache, sondern auch die fremde Schrift erlernen. So lernt hier der Syrerjunge Kariem mit dem Mädchen Julia zusammen. Die Begriffe in Deutsch, Arabisch und „Lautschrift" helfen dabei, die Worte und Sätze zu festigen.* ***Im Band 2*** *wurde die Darstellung sämtlicher Begriffe in Arabisch, Deutsch und Lautschrift beibehalten.*

| Band | Best.-Nr. | |
|---|---|---|
| Band 1 | 11 993 | je 48 Seiten |
| Band 2 | 12 056 | ab 12,49 € |

Alle Stufen

Horst Hartmann

## DaZ für Erwachsene Kurs zur Alltagsschulung

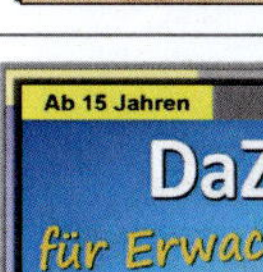

*Einfache Sprachszenen, Rollenspiele und entsprechendes Wortschatztraining mit wechselnden Methoden vermitteln jungen Erwachsenen die deutsche Sprache. Altersgemäße Themen in angewandten Situationen wie z.B. Behörde, Einkaufen, beim Arzt, Büro, Diskothek, Freizeit, Notarzt verständigen, Flirten, Kochen, auf dem Weg zum Arbeitsplatz, Beruf, Radfahren, Auto, Ärger mit ..., Spaß bei .... etc. sorgen für eine problemlose Verständigung in Situationen des täglichen Lebens.*

| Band | Best.-Nr. | |
|---|---|---|
| Band 1 | 11 888 | je 32 Seiten |
| Band 2 | 12 158 | ab 11,99 € |

FÖ | 9, 10, 11-13

Horst Hartmann

## Wir lernen Deutsch Spielerisch zur deutschen Sprache

*Schüler mit fremdsprachigem Hintergrund benötigen neben dem Aufbau eines allgemeinen Wortschatzes auch Hilfe beim Verstehen und Anwenden von Begriffen ihres täglichen Lebens. Mit themenbezogenen Übungen bietet dieser Band den grundlegenden Wortschatz zu typischen täglichen Situationen.*

| Seiten | Best.-Nr. | Preis |
|---|---|---|
| 32 Seiten | 11 992 | ab 11,99 € |

FÖ | INK | PDF plus | Alle Stufen

Prisca Thierfelder

## KOMM MIT! Sprachmaterial für DAZ-Kinder

*Bildkarten zum Lernen, einfache Wort- und Satz-übungen sowie kommunikative Übungen in einfachen Zusammenhängen. Erste Begegnung mit der deutschen Sprache: Grundwortschatz und erste grammatische Strukturen kennenlernen und festigen auf der Reise rund um die Welt zu den Kindern Hannes, Narisara, Jim, Olivia, Bandele und Antonia, die uns zu sich einladen und uns über ihr Leben berichten. Informative Texte und Aufgaben wecken die Neugierde auf andere Kulturen und fördern Toleranz und Offenheit. Die Kopiervorlagen enthalten abwechslungsreiche Methoden mit unter anderem Zuordnungsspielen, einfachen Dialogen, Bildkarten, Kreuzworträtseln und Korrespondenz.*

FÖ | 5, 6, 7, 8, 9, 10

| Seiten | Nr. | Titel | Best.-Nr. | Preis |
|---|---|---|---|---|
| 48 S. | 1 | Hobbys und Freizeit weltweit | 12 257 | ab 12,49 € |
| 56 S. | 2 | Landwirtschaft weltweit | 12 258 | ab 13,49 € |
| 48 S. | 3 | Wie wir zuhause leben – weltweit | 12 259 | ab 12,49 € |
| 52 S. | 4 | Wie wir Schule erleben – weltweit | 12 369 | ab 13,49 € |

Prisca Thierfelder

## DaZ-Dialoge im Alltag

*Binnendifferenzierung in der Vorbereitungsklasse! 10 Dialoge aus dem Alltag – zu jedem Thema gibt es 2 Dialoge in verschiedenen Schwierigkeitsstufen. Sie werden mittels Lückenwörtern/-texten erarbeitet, bevor sie präsentiert werden. Alternativ gibt es „Spickkarten" mit Stichwörtern zur Orientierung für Fortgeschrittene bzw. Leistungsstärkere. So hat buchstäblich „spielerisch" jeder Spaß an Unterricht und Rollenspiel.*

| Seiten | Best.-Nr. | Preis |
|---|---|---|
| 48 Seiten | 12 256 | ab 13,49 € |

5, 6, 7, 8, 9, 10, 11-13

Horst Hartmann & Aani Ichoua

## Deutsch-arabische LESE- & SACHTEXTE
### Sachtexte aus dem Alltag im A-Niveau

*Kurze Lese- & Sachtexte aus dem Alltag beschreiben Situationen, die für Menschen in einem fremden Land mit einer fremden Sprache zum Problem werden können. Die Übungen sind in der Schwierigkeit dem A-Niveau angepasst. Am Ende eines jedes Kapitels ist eine zweisprachige Vokabelliste mit den wichtigsten Wörtern angefügt.*

| Seiten | Best.-Nr. | Preis |
|---|---|---|
| 24 Seiten | 12 375 | ab 10,99 € |

7, 8, 9, 10, 11-13

Brunhilde Sieburg

## Multi-Kulti Das Sprach- & Lesetraining

*Wortbedeutungstraining. Die Bände 2/3 zeigen Gegenstände, Personen etc., zu denen die deutschen Bezeichnungen angegeben sind. Hinzu kommen einfache grammatikalische Basisübungen und einfache Leseübungen.*

FÖ | Alle Stufen

| Seiten | Nr. | Titel | Best.-Nr. | Preis |
|---|---|---|---|---|
| 48 S. | 1 | Schreiblehrgang Buchstaben | 19 032 | ab 11,99 € |
| 48 S. | 2 | Anfängerkurs | 19 033 | ab 11,99 € |
| 48 S. | 3 | Fortgeschrittene | 19 034 | ab 11,99 € |
| 36 S. | 4 | Die Zeitformen lernen | 19 030 | ab 10,99 € |

Friedhelm Heitmann

## DaZ-Spiele ... in 3 Niveaustufen

*Deutsche Grammatik und Rechtschreibung in gesteigerten Niveaustufen in jeweils 34 Einheiten mit Lösungsvorschlägen. Die Einheiten können sowohl einzeln als auch als motivierendes Spiel im Verbund eingesetzt werden. So macht Lernen Spaß. Der Titel ist ideal auch im Unterricht mit DaZ- und Regelschülern gemeinsam einsetzbar!*

FÖ | INK

| Niveau | Best.-Nr. | |
|---|---|---|
| Grundniveau | 11 991 | |
| Mittleres Niveau | 12 043 | je 80 Seiten |
| Erweitertes Niveau | 12 044 | ab 16,49 € |

Alle Stufen

Autorenteam Kohl-Verlag

## Kreuzworträtsel DaZ Grundwortschatz steigern

*Einfache Wörter des Grundwortschatzes (Beispiel: „Ich fahre mit dem ... [Auto].") werden gesucht und eingesetzt. „Verben" und „Adjektive" beinhalten den gleichen Aufbau wie „Nomen" und steigern den Grundwortschatz konsequent weiter.*

| Teil | Best.-Nr. | |
|---|---|---|
| Nomen | 11 932 | |
| Verben | 11 933 | je 24 Seiten |
| Adjektive | 11 934 | ab 11,99 € |

Alle Stufen

Tobias & Nik Vonderlehr

## Ganz einfache Lesetexte für DaZ-Kinder

*Diese motivierenden und leicht verständlichen Lesetexte sind aus der Lebenswelt der Kinder. Das Textverständnis wird duch verschiedene Aufgabenstellungen überprüft. Einfache Malaufgaben, die sich aus dem Text erschließen oder schriftliche Aufgaben, die auch von Anfängern gut bewältigt werden können, sichern den Leseerfolg.*

| Seiten | Best.-Nr. | Preis |
|---|---|---|
| 48 Seiten | 12 140 | ab 13,49 € |

FÖ | INK | Alle Stufen

Klasse: 1 | 2 | 3 | 4 | 5 | 6 | 7 | 8 | 9 | 10 | 11-13

Deutsch als Zweitsprache

Klasse 1 2 3 4 5 6 7 8 9 10 11-13

DAZ

Friedhelm Heitmann & Billur Shirazi

## So lerne ich Deutsch

..... von Anfang an!

*Die dargebotenen Materialien gingen hervor aus der Arbeit in Vorbereitungsklassen, in denen elementare Kenntnisse im Sprechen, Lesen und Schreiben in der deutschen Sprache vermittelt wurden. Der Band bietet vielfältige Arbeitsmaterialien an. Die Übungseinheiten ist systematisch und übersichtlich aufgebaut. Es geht es unter anderem um Alltagskommunikation. Die Sätze und Texte einschließlich Arbeitsanweisungen sind kurzgehalten. Im Band sind auch hilfreiche Bilder sowie kurze grammatische Regeln enthalten. Besonderer Wert wird auf die Festigung des Lernstoffes gelegt. Dafür werden viele Übungsmaterialien bereitgehalten.*

64 S. | 12 909 | ab 14,99 €   FÖ | Alle Stufen

Marisa Herzog

## Qualipass Nomen, Verben, Adjektive

*Vielseitiges Übungsmaterial. die Erklärungen und Regeln werden durch kurze Sachtexte, Anwendungen und Übungen vermittelt. Alle Arbeitsblätter dienen der Vertiefung und können als Einheit zum entsprechenden Teilbereich oder einzeln als Übung, Wiederholung und Festigung eingesetzt werden.* ***Mit Selbstbeurteilungsbögen und Lernzielkontrollen.***

| Nomen | 11 334 | je 72 Seiten |
|---|---|---|
| Verben | 11 335 | 17,80 € |
| Adjektive | 11 336 | |

  FÖ | 3 4 5 6

Armin Weinfurter

## Mathe-Basics ... für Asylbewerber

*Das Fach Mathematik bietet eine gute Gelegenheit, im Unterricht Fuß zu fassen – selbst wenn die Sprache noch einigen Lernbedarf erfordert. In Mathe bringen die Schüler Vorwissen mit und können so schnell integriert werden. Die verschiedenen Themenbereiche der Mathematik werden sprachneutral und mit den entsprechenden Übungsaufgaben für diese spezielle Schülerschaft zusammengefasst.*

88 Seiten | 12 210 | ab 16,49 € | FÖ | 4 5 6 7 8 9

Bernhard Hartl

## Themenwelt für Sprachanfänger

Kinder mit geringem Sprachniveau zielgerichtet fördern & fordern

*Eingebettet in Themen aus ihrer Lebensumwelt fällt es den Kindern leichter, sich neue Wörter schnell zu merken. Mithilfe von Spielen und in Verknüpfung mit weiteren Fächern werden Wortschatz und Grammatik in diesem Kopiervorlagenband zielgerichtet und schülerorientiert vermittelt. Mithilfe von **LearningApps** wird auch dem digitalen Zeitalter Rechnung getragen. Als roter Faden im Unterricht werden diese wirkungsvollen Arbeitsblätter helfen, den Alltag zu meistern.*

FÖ | INK | PDF plus

76 S. | 12 466 | ab 15,99 €  Alle Stufen

J. Tille-Koch & A. Ichoua

## Mathematik als Fremdsprache

Deutsch - arabisch ...... kurz & knapp

*Die wichtigsten Begriffe zu den Rechenverfahren, den Rechenregeln, dem Stellenwertsystem, den Zahlenarten sowie zu den Größen (Geld, Geschwindigkeit, Gewicht, Länge, Zeit) werden kurz und anschaulich aufgelistet und in die Fremdsprache übertragen.*

32 Seiten | 12 374 | ab 11,99 €  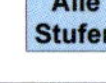 FÖ | Alle Stufen

Sonderpädag. Fördermaterial

Autorenteam Kohl-Verlag

## Lese-Versteher werden

Sinnerfassendes Lesen erfahren

*Welches Kind möchte nicht gerne verstehen, was es liest? Sinnerfassendes Lesen ist das Tor zum erfolgreichen Lernen – regelmäßiges Training erhöht die Lernergebnisse langfristig nachhaltig. Dieser Band bietet Ideen für Kinder, die besondere Unterstützung bei der Hinführung zum sinnerfassenden Lesen benötigen. Erfasst es den Sinn z. B. eines Wortes, versteht es seine Bedeutung und kann ihm einen Sinn geben. Damit kann auch die Freude am Lesen Einzug halten.*

 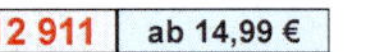

64 Seiten | 12 911 | ab 14,99 €   Aa FÖ INK | 1 2

Anni Kolvenbach

## Grundlagen Elektrizität

NEU

*Spezielles Material aus der Unterrichtsreihe „Inklusion konkret" für den sonderpäd. Förderbedarf LE und den inklusiven Unterricht. Die Arbeitsblätter enthalten ganz einfache Aufgabenstellungen in drei Niveaustufen zur Differenzierung und zur Bildung und Festigung des Basiswissens. Anschauliche Grafiken und liebevoll gestaltete Illustrationen, sowie leicht verständliche Fachtexte holen die Schüler*innen da ab, wo sie stehen. Elektrizität ist eine natürliche Form von Energie in der Natur. Oft sprechen wir im Alltag einfach nur von "Strom", wenn genau genommen elektrischer Strom oder Elektrizität gemeint ist. Strom erzeugt Wärme, Licht und Bewegung. Elektrizität ist für uns unsichtbar.*

32 S. | 13 044 | ab 13,49 € 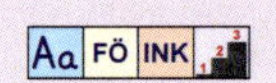 Aa FÖ INK | 3 4 5 6 7 8 9 10

Dorle Roleff-Scholz & Friedhelm Heitmann

## NaWi inklusiv Arbeitsblätter & Versuche

*Hier wird besonderer Wert auf die Vermittlung von Alltagskompetenzen und praktischen Fertigkeiten gelegt. Bei Feuer bauen wir einen Feuerlöscher, reinigen Schmutzwasser und ermitteln die benötigte Wassermenge verschiedener Lebewesen, betrachten neben dem Stromkreis auch die Gefahren der Elektrizität. Mit dazu passenden Fragen gelingt der Zugang zur Naturwissenschaft ganz nebenbei!*

84 S. | 12 454 | ab 16,49 € | FÖ INK PDF plus | 3 4 5 6 7 8 9 10

Manuel Schneider

## Lautgetreue Übungswörter

zur Förderung im Anfangsunterricht

*Das angebotene Wortmaterial - bestehend aus 53 zweisilbigen Nomen - wird vom Autor nach Schwierigkeit der zugrundeliegenden Wortstruktur in vier Kapitel unterteilt und muss sukzessiv abgearbeitet werden. Die Einteilung wurde neben der Lauttreue und des Wortumfangs unter Berücksichtigung der Schwierigkeit der Synthese und Lautanalyse getroffen.*

80 Seiten | 12 910 | ab 16,49 € 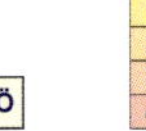 FÖ | 1 2 3 4

Petra Hartmann

## Zahlbeziehungen bis 1000

Zahlenraumverständnis entwickeln

*Ein gutes Zahlenverständnis ist die beste Grundlage für sicheres Rechnen. In diesem Arbeitsheft finden sich viele verschiedene Übungen zu diesem Thema. Die Aufgaben sind für Groß & Klein und helfen dabei, ein gutes Zahlenverständnis zu entwickeln, zu vertiefen und auszubauen. Die Aufgaben sind leicht verständlich und können selbstständig erarbeitet werden. So lassen sich die Zahlenbeziehungen erfassen und verinnerlichen.*

48 Seiten | 12 912 | ab 13,49 € | FÖ | 1 2 3 4

Manuel Schneider

## Sinnentnehmend Lesen & Schreiben

... von Anfang an!

*Der Band hilft, die Hürde des „Zusammenschleifens" von Buchstaben zur Silbe zu erleichtern. Daher werden nur die 3 Buchstaben M, A, O eingeführt, um aus einer übersichtlichen Zahl von Silben sinnvolle Wörter zu bekommen. Gleich von Beginn an kann man so schreiben und sinnentnehmend lesen üben, anstatt zu viele Silben stupide lernen zu müssen.*

68 Seiten | 12 571 | ab 14,99 €  FÖ | 1 2 3 4

Anni Kolvenbach

## Inklusion konkret umsetzen ... ohne viel Mehrarbeit!

*In diesem Ratgeber wird gezeigt, wie man Inklusion ohne viel Mehrarbeit qualitativ gut bewältigen kann. Tabellen werden zur Planung und Organisation und Formulierung eines Förderplans zur Verfügung gestellt. Auch die Qualitätssicherung bietet per einfachem Abfrageformular eine kurze Übersicht zum Verlauf. Auch die Materialvorbereitung und Arbeitsteilung wird angeschnitten. Zur einfacheren Handhabung stehen Ihnen alle Formulare und Tabellen als PDFplus zur Verfügung.*

32 Seiten | 12 887 | ab 15,99 €   FÖ INK | Alle Stufen